Rafaela Paes de Campos

VIVÊNCIAS ATUAIS SOB O CONSOLADOR OLHAR DO ESPIRITISMO

Letra Espírita

1ª Edição – Julho/2023

A editora Letra Espírita mantém o Grupo Espírita Yvonne
do Amaral Pereira em Campos dos Goytacazes/RJ.

Capa e Diagramação: Maryana Ahlert

Revisão: Rafaela Paes de Campos

Coordenação Editorial: Murilo Viana

Imagens da Capa: Freepik.com | Freepik

Títulos: Adobe Garamond Pro [Adobe Originals]
Texto: Newsreader [Production Type]

Impresso no Brasil

Contato e pedidos:

vendas@letraespirita.com.br
(22) 2738-0184

Dados Internacionais de Catalogação na Publicação (CIP)
(Câmara Brasileira do Livro, SP, Brasil)

Campos, Rafaela Paes de
Vivências atuais sob o consolador olhar do espiritismo / Rafaela Paes de Campos. -- Campos dos Goytacazes, RJ : Letra Espírita, 2023.

ISBN 978-65-88535-66-0

1. Espiritismo 2. Espiritismo - Doutrina
3. Espiritismo - Filosofia I. Título.

23-161690 CDD-133.901

Índices para catálogo sistemático:

1. Espiritismo : Doutrina espírita 133.901

Eliane de Freitas Leite - Bibliotecária - CRB 8/8415

Rafaela Paes de Campos

VIVÊNCIAS ATUAIS SOB O CONSOLADOR OLHAR DO ESPIRITISMO

Campos dos Goytacazes/RJ

Agradecimentos e Dedicatória

Agradeço aos que me amparam, seja material ou imaterialmente, pois sem esse escudo de força e proteção qualquer trabalho pode desmoronar. Não somos ilhas e só somos verdadeiramente fortes quando unidos em prol do bem e dos bons caminhos que a vida tem a nos oferecer. Minha eterna gratidão a todos que são e fazem parte da minha história como Espírito que sou.

Dedico esta obra aos Espíritas pensantes, aos que enxergam na Doutrina Consoladora a vertente de respostas seguras para as indagações de nossas vidas e aos que a têm como um guia para que todas as eras da humanidade sejam entendidas e vivenciadas de forma plena. Aqui vocês encontrarão temas atuais e até densos, mas que encontram respaldo e amparo nos ensinamentos da Espiritualidade que nos guia ao longo de nossas estradas individuais e coletivas.

Sumário

1ª parte:

Velhas questões, reflexões ainda necessárias

1

O Espiritismo não é só religião

O Brasil figura entre os países mais religiosos do mundo, ocupando, segundo dados de 2015, o 23º lugar[1] no *ranking* inerente ao tema. Mesmo que o Espiritismo não seja a religião declarada pela maioria dos brasileiros, foi em nossas terras que ele mais se propagou, e isso encontra respaldo justamente na realidade de sermos um país religioso.

O que não se pode esquecer é de que o Codificador Allan Kardec deixou explicitado que o Espiritismo se baseia em um tríplice aspecto,

1 RUIC, Gabriela. *Os 20 países mais religiosos do mundo (e os 20 menos).* Revista Exame. 2015. Disponível em: https://exame.com/mundo/os-20-paises-mais-religiosos-do-mundo-e-os-20-menos/. Acesso em: 1º jun. 2022.

sendo, portanto, uma Doutrina com bases na ciência, na filosofia e na religião. Note-se que Kardec disserta sobre o tema na *Revista Espírita* de dezembro de 1868 afirmando:

> Se assim é, perguntarão, o Espiritismo é uma religião? Ora, sim, sem dúvida, senhores; no sentido filosófico, o Espiritismo é uma religião, e nós nos glorificamos por isto, porque é a doutrina que funda os laços da fraternidade e da comunhão de pensamentos, não sobre uma simples convenção, mas sobre as mais sólidas bases: as próprias leis da Natureza[2].

É exatamente aqui que se inicia a diferenciação das religiões tradicionais e do Espiritismo: ele se baseia nas leis da natureza, ou seja, propa-

---

2 KARDEC, Allan. *Revista Espírita: Jornal de Estudos Psicológicos*, tradução de Júlio Abreu Filho. Catanduva/SP. Editora Cultural Espírita Edicel. 2018. dez. 1868, p. 409-410.

ga, do ponto de vista filosófico, o seu efeito religioso baseando-se na ciência! O tríplice aspecto fica evidente em tal assertiva, não podendo se falar de Espiritismo sem englobar os três pontos, eis que um decorre do outro e sem um deles torna-se incompleto.

Num primeiro instante é preciso que se compreenda que não, não é errado vivenciar o Espiritismo como uma religião, eis que seus efeitos morais são poderosos e têm o condão de nos impulsionar na melhoria individual e coletiva, o que no fundo é o objetivo de todas as religiões cristãs.

O que não se pode perder de vista são os alertas constantes da Espiritualidade que auxiliou no trabalho de codificação ao sempre salientar a importância de um estudo sério e disciplinado, justamente porque o Espiritismo traz conceitos e realidades muito novas – até os dias atuais –, e porque essa dedicação foi a base que o fez nascer e chegar a nós encarnados. É no estudo que se acessa as bases da filosofia e da ciência espírita.

Aos estudiosos das obras básicas é fato notório que constantemente somos alertados da dificuldade da equipe Espiritual em nos responder questionamentos, justamente porque nosso vocabulário é restrito e seria impossível explicar-nos algo que não conhecemos ou, pelo menos, não nos recordamos enquanto inseridos em nossa condição material atual. E disso nasce a velha discussão de ser o Espiritismo uma religião ou não. Recorramos ao Codificador, portanto:

> Por que, então, temos declarado que o Espiritismo não é uma religião? Porque não há uma palavra para exprimir duas ideias diferentes, e porque, na opinião geral, a palavra religião é inseparável da ideia de culto; porque ela desperta exclusivamente uma ideia de forma, que o Espiritismo não tem. Se o Espiritismo se

> dissesse religião, o público não veria aí senão uma nova edição, uma variante, se quiserem, dos princípios absolutos em matéria de fé; uma casta sacerdotal com seu cortejo de hierarquias, de cerimônias e de privilégios; ele não o separaria das ideias de misticismo e dos abusos contra os quais tantas vezes a opinião pública se levantou[3].

Mais uma realidade sobre as entranhas do Espiritismo: ele não tem rituais! Isto o diferencia, e muito, da ideia que nós fazemos de uma religião, eis que acostumados ao tradicionalismo, esperamos um ambiente dogmático e envolto em misticismo, numa aura de catarse que teria, em tese, o condão de nos conectar a Deus.

O Espiritismo derruba essa parede prefixa-

---

3 KARDEC, Allan. *Revista Espírita: Jornal de Estudos Psicológicos*, tradução de Júlio Abreu Filho. Catanduva/SP. Editora Cultural Espírita Edicel. 2018. dez. 1868, p. 410.

da e demonstra pela sua própria prática que a reunião de pessoas imbuídas do desejo de instruírem-se pela observação das realidades espíritas, sejam elas oriundas da leitura de sua vasta gama literária ou pelo trabalho nas sendas mediúnicas, têm o condão de preparar seu adepto à compreensão do que se aprende, e isso o leva a propagar os efeitos religiosos que disso advém, tornando-o mais próximo de Deus pelas suas próprias ações exercitadas pela fé raciocinada.

Eis mais um ponto do Espiritismo incomum às outras denominações: o raciocínio da fé, ou seja, compreender em que e por que se crê. E qual é a fórmula para se alcançar isso? Compreendendo o Espiritismo do ponto de vista filosófico e científico, e, assim, construindo a base do que será vivenciado religiosamente.

Por isso, Kardec segue explicando:

> Não tendo o Espiritismo nenhum

dos caracteres de uma religião, na acepção usual do vocábulo, não podia nem devia enfeitar-se com um título sobre cujo valor as pessoas inevitavelmente ter-se-iam equivocado. Eis porque simplesmente se diz: doutrina filosófica e moral[4].

Sem corrigendas, a afirmação de que as pessoas se equivocariam se o Espiritismo se vestisse de religião é exatamente o que vemos ocorrer nos dias atuais. Voltemos ao passado para entender tal afirmação.

Quando do início dos trabalhos em prol da Codificação Espírita, nos idos dos anos de 1800, os temas abordados eram tidos como polêmicos porque traziam informações muito novas e, justamente, por isso, sofreram com a resistência

---

4 KARDEC, Allan. *Revista Espírita: Jornal de Estudos Psicológicos*, tradução de Júlio Abreu Filho. Catanduva/SP. Editora Cultural Espírita Edicel. 2018. dez. 1868, p. 410.

tanto por parte do povo quanto da Igreja predominante à época. Pois bem! Retornando ao presente, vivenciamos questões absolutamente novas ou que se vestem de nova roupagem e que afetam diretamente nossa vida enquanto sociedade e civilização. E esses temas não foram abrangidos pelos livros de base do Espiritismo, porque, na ocasião, eles não eram preponderantes e também porque para cada coisa o seu próprio tempo! Mas em vários pontos das obras básicas encontramos o aviso de que naquele momento nem tudo poderia ser revelado, e que o futuro traria novas informações que deveriam passar também pelos crivos da observação para serem explicadas e compreendidas dentro da Doutrina.

Infelizmente, esses trechos aparentemente são ignorados por alguns dos próprios autodenominados Espíritas e, claro, pelos que não se curvaram a esta Doutrina. Há questões muito atuais que obviamente não se encontram explícitas em quaisquer dos livros da Codificação, mas que são de reflexão urgente para que, conhecendo e compreendendo os temas (filosofia), possa-se encontrar dentro da base Espiritista suas correspondentes explicações aplicáveis (ciência) para que, então, enquanto sociedade, possamos agir da forma correta, sem prejulgamentos ou brados exacerbados (religião).

Inclusive, a maioria dos temas trazidos à baila nesta obra que você leitor inicia a leitura, faz parte do rol de temas 'proibidos' dentro das comunidades Espíritas, segundo o entendimento de alguns de seus membros. Por certo, de todo o exposto até aqui, compreende-se de que se trata de uma inverdade, eis que são assuntos que nos atingem diretamente enquanto coletividade e que precisam ser discutidos para que sejam tratados da forma como devem ser. Por isso, finaliza Kardec:

> Crer num Deus todo-poderoso, so-

beranamente justo e bom; crer na alma e em sua imortalidade; na preexistência da alma como única justificação do presente; na pluralidade das existências como meio de expiação, de reparação e de adiantamento intelectual e moral; na perfectibilidade dos mais imperfeitos seres; na felicidade crescente com a perfeição; na equitável remuneração do bem e do mal, conforme o princípio: a cada um segundo as suas obras; na igualdade da justiça para todos, sem exceções, favores nem privilégios para nenhuma criatura; na duração da expiação limitada pela imperfeição; no livre-arbítrio do homem, que lhe deixa sempre a escolha entre o bem e o mal; crer na continuidade das relações entre o mundo visível e o mundo invisível; na solidariedade que religa todos os seres passados, presentes e futuros, encarnados e desencarnados;

considerar a vida terrestre como transitória e uma das fases da vida do Espírito, que é eterna; aceitar corajosamente as provações, em vista do futuro mais invejável que o presente; praticar a caridade em pensamentos, palavras e obras na mais larga acepção da palavra; esforçar-se todos os dias para ser melhor que na véspera, extirpando alguma imperfeição de sua alma; submeter todas as crenças ao controle do livre exame e da razão e nada acetar pela fé cega; respeitar todas as crenças sinceras, por mais irracionais que nos pareçam e não violentar a consciência de ninguém; ver, enfim, nas descobertas da Ciência a revelação das leis da Natureza, que são as leis de Deus: eis o credo, a religião do Espiritismo, religião que pode congraçar-se com todos os cultos, isto é, com todas as maneiras de adorar Deus. É o laço que deve unir todos os espíritas numa santa comunhão de pensamentos, esperando que ele ligue todos os homens sob a bandeira da fraternidade universal[5].

Por via de consequência, todos os pontos levantados anteriormente fazem parte dos efeitos religiosos oriundos da filosofia e da ciência espíritas, mas não são sua única base. O que não está devidamente explicitado nas obras básicas, não o está por ser parte da realidade contemporânea de nossa sociedade, mas que encontram sim explicações racionais que se obtêm no estudo recomendado.

O pentateuco que compõe a nossa Doutrina não é a Bíblia dos Espíritas. Digamos que seja seu dicionário, podendo ser aplicado a todos os assuntos, vivências e novidades que encontra-

---

5 KARDEC, Allan. *Revista Espírita: Jornal de Estudos Psicológicos*, tradução de Júlio Abreu Filho. Catanduva/SP. Editora Cultural Espírita Edicel. 2018. dez. 1868, p. 412-413.

mos ao longo de nossos passos. Para que assim seja entendido é de suma importância que se viva esta recomendação: *"O que caracteriza um estudo sério é a continuidade com que se lhe dá*[6]*"*. Daqui, então, seguimos mais livres e despojados dos preconceitos que abarcam os temas que aqui trataremos.

---

6 KARDEC, Allan. *O Livro dos Espíritos,* tradução de Guillon Ribeiro. Campos dos Goytacazes/RJ. Editora Letra Espírita. 2022, p. 30.

2

A fragilidade de nossa fé

• • • • • • •

A maioria de nós, costumeiramente, diz aos quatro ventos que tem fé; mas o que isso significa efetivamente?

A palavra fé tem origem no grego *pistia,* que significa a noção de acreditar, e também no latim *fides,* que nos encaminha ao significado de uma atitude de fidelidade. Entendemos dentro da língua portuguesa que fé traz em si a ideia de confiança, crença e credibilidade, sendo ela a *"virtude daqueles que aceitam como verdade absoluta os princípios difundidos por sua religião*[7]*".*

Registre-se que essa é a fé cega, a que crê porque crê e ponto-final. E ela é bastante válida e

---

7 SIGNIFICADOS. *O que é a fé?* Disponível em: https://www.significados.com.br/fe/. Acesso em: 1º jun. 2022.

é até necessária. Por quê? Justamente porque diferentemente do que dizem por aí, o Espiritismo não romantiza os sofrimentos que fazem parte da vida material em provas e expiações e reconhece que tais caminhos não têm facilidade alguma. Diante dos momentos mais difíceis que todos nós atravessamos é exatamente essa fé que tem o poder de nos manter de pé.

É simples assim: a dor chega até nós e nos deixa sem chão. Enquanto humanos nos sentimos perdidos, incapazes e errados. Se não houvesse dentro de nós a crença pura de que há algo acima da gente que rege nossa vida e cuida de quem somos, esse fundo de poço jamais seria vencido.

> A fé plana sobre a Terra, buscando uma pousada onde abrigar-se, buscando um coração para esclarecer. Onde irá ela?... Para começar, ela entrará na alma do homem primitivo e impor-se-á; porá um véu momentâneo sobre a razão que

começa a desenvolver-se e vacila nas trevas do Espírito. Ela conduzi-lo-á através das idades da simplicidade e far-se-á mestra pelas revelações. Mas, não estando ainda o raciocínio bastante amadurecido para discernir o que é justo do que é falso, para julgar o que vem de Deus, ela arrastará o homem para fora do reto caminho, tomando-o pela mão e pondo-lhe uma venda nos olhos. Muitos desvios, tal deve ser a divisa da fé cega que, entretanto, durante muito tempo teve sua utilidade e sua razão de ser[8].

Essa passagem do Espírito Demeure demonstra que a fé pura nos encontra ainda primitivos e nos acompanha ao longo de nosso amadurecimento, sendo útil no desenvolvimento de nossa moralidade e intelectualidade por um longo pe-

---

8 KARDEC, Allan. *Revista Espírita: Jornal de Estudos Psicológicos*, tradução de Júlio Abreu Filho. Catanduva/SP. Editora Cultural Espírita Edicel. 2018. ago. 1865, p. 291.

ríodo de nossa existência.

Contudo, essa fé – embora seja primordial lá no início e até agora – sozinha é absolutamente incapaz de se manter sobre bases firmes. Pois é, mais uma verdade dura de ser encarada, pois *"não existe fé inabalável, senão aquela que pode olhar a razão face a face, em todas as eras da humanidade*[9]*"*.

Eis, mais uma vez, a fé raciocinada sendo trazida ao centro da discussão. Para que o Espiritismo tenha o condão de gerar efeitos religiosos (fé e moral), ele precisa ser enfrentado filosófica e cientificamente (raciocínio). O efeito de fé que advém desse estudo é a fé raciocinada, a que se baseia na compreensão daquilo que se crê.

'Ah, mas ninguém pode explicar Deus'. E ninguém quer! O que se pretende com a fé racioci-

---

9 KARDEC, Allan. *O Evangelho Segundo o Espiritismo*, tradução de Matheus R. Camargo. Capivari/SP. Editora EME. 2019, p. 198.

nada é construir uma base sólida para nós, Espíritos, ainda bastante imperfeitos, nos apoiarmos de maneira a nos sentirmos sim acolhidos, mas também sabendo da parte que nos cabe nesse caminho.

O Deus da fé cega está sentado num trono olhando para cada um de nós, julgando nossos erros e acertos e determinando o lugar para onde iremos. O Deus da fé raciocinada dá a cada um de seus filhos quantas oportunidades necessitarem para aprender. Nesses dois conceitos, vá-se do Deus vingativo ao Deus amoroso de forma extremamente clara.

Para deixar essas considerações mais didáticas, utilizemos alguns trechos do Pai-Nosso como exemplo. E por que usar o Pai-Nosso? Porque é a oração que aprendemos desde muito cedo e que é feita de forma absolutamente automática por nós.

Conceitualmente, a oração é uma súplica, um

pedido dirigido a Deus ou a outras entidades que variam de acordo com a crença de cada um de nós. Certo!

Então, suplicamos e pedimos durante o Pai-Nosso que *seja feita a Vossa vontade*. Mas acontece que dentro de nosso coração há um pedido particular. Seja a conquista de um emprego determinado, seja um amor, seja saúde e cura, seja um bem material que sonhamos... Dizemos, claramente, que Deus fizesse a vontade d´Ele. Aí, quando Ele faz – e não é coincidente com nosso pedido – inicia-se o problema.

Isto porque a fé cega incutida na oração nos faz crer que Deus irá atender aos nossos pedidos e fará as nossas vontades. Só que, racionalmente, não funciona dessa forma. Deus sabe exatamente quem somos, quais são nossas reais necessidades e o que é melhor para cada um de nós. E como isso pode ser racional?

Ora, justamente pela pluralidade das existências pretéritas que nos faz carregar bagagens de erros e acertos cometidos; pela vida presente que traz consigo a lei de causa e efeito que está em consonância com a tal bagagem e; a pluralidade das existências futuras que são moldadas no hoje, eis que o que fazemos terá repercussão em outras encarnações. Por isso mesmo, Deus sabe o que já fizemos, o que estamos fazendo/sentindo/pensando, e Ele sabe o que é preciso para que lá na frente a gente colha exatamente o que plantou.

Só que se pedimos 'x' e Deus nos dá 'y', a fé cega nos transforma em crianças manhosas que bradam aos quatro ventos que nada dá certo, que nunca consegue o que quer, que não se é feliz e muitas outras reclamações. Daí então o tempo passa, a gente alcança algo melhor do que tinha pedido, mas não se lembra de que foi aí que a vontade d´Ele foi feita.

Fé cega reclama. Fé raciocinada se resigna e

espera pelo melhor.

Continuamos a nossa oração e dizemos: *Perdoai as nossas ofensas, assim como nós perdoamos a quem nos tenha ofendido*. Perceba nitidamente que há a imposição de uma condição: que Deus nos perdoe à medida que a gente perdoe as pessoas que venham a nos ofender.

E a pergunta que não quer calar: você perdoa? E eu não falo de esquecer não, pois isso é absolutamente impossível para nós, mas perdoar de coração, sem desejar que a vida ensine (como muitos dizem), deixar que a pessoa que nos fere carregue a sua própria bagagem, conviver se possível e deixar ir se for necessário. Quantos de nós conseguem perdoar dessa maneira?

Só que suplicamos claramente para que Deus nos perdoe, desde que perdoemos os outros. É preciso refletir, não é? É óbvio que Deus não é rancoroso, e que nem nós precisamos ser perdoados, pois somos Espíritos em fase de aprendizado e, dessa forma, vamos errar ainda muitas vezes e isso faz parte do processo. Deus nos ama e sabe que somos crianças. Porém, um dos tantos aprendizados que devemos buscar ao longo da vida é esse perdão que tanto pedimos, mas, dificilmente, conseguimos ofertar. Nem a nós mesmos, porque temos uma tendência absurda de carregar 'culpas' e de não absolver a nós mesmos para que consigamos seguir mais leves.

E, então, chegamos ao fim da oração e pedimos: *Livrai-nos do mal.* Mas eu pergunto: Que mal? Os Espíritos obsessores? Os criminosos? Os perigos da vida? A doença? Também! E é evidente que ao longo de nossos dias somos livrados de males que nem ao menos chegamos a ver. Só que existem mais alguns que Ele nos livra e que nos transformam mais uma vez em crianças manhosas.

Deus ouve, vê e sabe de muito mais coisas do que nós, correto? Então, aquele fim de relacionamento, aquela amizade que acabou ficando para trás, aquela pessoa que você nunca mais encontrou... Quem pode te garantir que não sejam acontecimentos ocorridos para te livrar do mal, assim como você pediu? Mas sofremos, choramos, batemos o pé e queremos tudo do nosso jeito... Justamente quando pedimos que Ele fizesse conforme a vontade d´Ele.

Assim sendo, leitores, a nossa fé é frágil porque a "cegueira" nos faz evitar o confronto com a razão. Deus jamais nos abandona, mas nós nos enfraquecemos diante dos nãos, das dificuldades, dos pedidos não atendidos, e como quando éramos primitivos, a fé não se sustenta porque não a olhamos de forma lógica.

Nós também esperamos que tudo aconteça como queremos, de forma sobrenatural e caída do céu. Fé, para ser raciocinada, demanda ação, ou seja, para que o que desejamos se concretize, é preciso que nós façamos por onde, e isso vai desde o que queremos materialmente até o que demandamos de forma imaterial.

Deixo mais um trecho da mensagem de Demeure para a nossa reflexão sincera:

> À força de procurar na noite, a claridade brilha, e muitas almas transviadas, encontrando com dificuldade a luz obscurecida por tantos desvios inúteis e retomando como guias seus condutores eternos: a fé e a razão, fazem-nos marchar à sua frente, a fim de que seus dois clarões reunidos impeçam-nos de perder-se uma segunda vez. Elas fazem assentar a fé sobre as bases sólidas da razão, ela própria fundada pela inspiração. É a vossa oportunidade, meus amigos. Segui o caminho. Deus está no fim[10].

---

10 KARDEC, Allan. *Revista Espírita: Jornal de Estudos Psicológicos*, tradução de Júlio Abreu Filho. Catanduva/SP. Editora Cultural Espírita Edicel. 2018. ago. 1865, p. 292.

Sigamos na trilha do fortalecimento da fé fundada no raciocínio, pois, ao fim dela, Deus estará presente. Fisicamente? Possivelmente, não! Mas, enfim, teremos a consciência de que Ele habita dentro de nós e, quem sabe, seja a tal paz de Espírito que tanto desejamos.

3

A terceirização das responsabilidades

Não é agradável ler, ouvir, nem dizer, mas temos a tendência irremediável de nos colocarmos no papel de vítimas das situações ruins que nos alcançam ao longo da vida. Buscamos sempre um alguém ou algo para depositar a 'culpa' pela situação que nos causa dor, mas, dificilmente, agimos de forma racional nesse momento, parando para refletir sobre qual foi a nossa parcela de responsabilidade nos acontecimentos.

Por certo, há situações em que pessoas nos ferem de graça! Não há como negar que há quem pareça ter prazer em sugar nossa energia, nossa alegria, nossa autoestima, pessoas que tentam nos atingir o tempo todo sem que efetivamente tenhamos feito algo para isso, mas, ainda assim, há uma parcela de 'culpa' que nos é inerente.

No âmbito do Espiritismo e de quem busca praticar seus preceitos e estudá-los, há ainda a tendência de depositar essa 'culpa' nos Espíritos. O conhecimento que temos a respeito dos irmãos que ainda vibram na maldade e que podem vir a tornarem-se obsessores faz com que os responsabilizemos por situações que vivenciamos. Mas, volto a dizer, ainda assim, há a nossa parcela de responsabilidade.

Vamos por partes!

Em situações das mais variadas podem ocorrer desavenças, brigas, discussões e desentendimentos. Isso faz parte da diversidade de quem somos, pois nem sempre concordamos com as verdades alheias. Somos diferentes, criados de formas diferentes e, acima de tudo, somos Espíritos com bagagens individuais trazidas das tantas vidas já experimentadas.

Entretanto, é preciso que reflitamos: Se normalmente essas divergências são pautadas na nossa individualidade, por que discutir? É necessário que entendamos que nem todo mundo pensa da mesma forma, e nem precisa! Na realidade, é providencial que sejamos diferentes, eis que isso nos faz, por meio do cumprimento da Lei de Sociedade, aprender aquilo que não sabemos. Se todos nós gostássemos da mesma coisa, acreditássemos nas mesmas coisas e entendêssemos o que nos circunda da mesma forma, nós não aprenderíamos nada e, consequentemente, a nossa evolução estaria seriamente afetada.

Então, temos o seguinte cenário: uma desavença em que duas ou mais pessoas entraram em conflito por um motivo ou uma ideia qualquer. A gente sai fragilizado dessa situação e, ao contar para as demais pessoas, colocamos no outro a 'culpa' pelo desentendimento. Mas, e a nossa parcela de 'culpa'? Sim, porque a outra pessoa não discutiu sozinha. A nossa tendência em querer estar sempre certo nos levou à discussão, e se ela gera efeitos ruins, seja física ou emocionalmente, nós também somos responsáveis por isso.

E, seguindo para uma segunda situação, temos as pessoas que aparentemente nos atingem de forma gratuita. Há muitas delas por aí, pessoas que tentam nos diminuir, nos humilhar, maltratar, fazer pouco caso, gente que nos suga as energias e afeta nossa autoestima de forma muito grave. Infelizmente, essas pessoas existem e esses acontecimentos são mais comuns do que imaginamos. Não há 'culpa' de nossa parte, mas, há sim, 'culpa' em permitir que isso ocorra.

Uma verdade é inegável: as pessoas só fazem conosco aquilo que nós permitimos. Pode parecer grosseiro e até errado dizer algo assim, mas é uma verdade. Quando permitimos que o outro faça o que bem entende com a gente, e não tomamos atitude alguma para mudar esse cenário, estamos dando a essa pessoa uma permissão que é difícil de ser retirada depois.

Claro, não estamos aqui falando de relações que envolvem violência física e risco de vida, pois essas demandam um socorro maior e amparo legal. Vamos a um exemplo:

Estamos inseridos em num contexto no qual o outro nos diminui o tempo todo: não nos elogia, faz piada de nossa aparência, quer sempre que façamos o que ele quer sem que haja uma contrapartida equivalente. Ao longo do tempo, essa pessoa retira de nós a autoconfiança, a autoestima e nos torna pessoas tristes e inseguras.

Se não nos posicionamos e deixamos de dizer que aquilo nos fere, essa pessoa continuará fazendo. Se deixamos o tempo passar pensando que este alguém vai mudar, estamos dando a ele o direito de seguir agindo assim. Por que manter uma relação que se pauta em tanto desamor? E isso se aplica a elações afetivas, de amizade, familiares e até com aqueles com quem convivemos no trabalho.

Ninguém tem esse direito, mas se nós deixarmos que isso vá acontecendo estaremos dando esse direito à pessoa e, quando cansarmos de verdade, a pessoa não entenderá e seguirá agindo dessa forma. Estamos, portanto, deixando que elas ajam como querem.

E também há os Espíritos, esses que ainda se comprazem em fazer maldade por ainda estarem em estágio evolutivo não tão adiantado e que estão à espreita aguardando uma brecha para conseguir nos atingir. Sim, porque se vibramos no bem, atrairemos boas companhias espirituais, mas se vibramos numa energia inferior, atrairemos companhias condizentes com essa faixa vibratória. Obsessores só nos alcançam se nós permitirmos.

Quando Jesus nos recomenda 'vigiai e orai' é sobre isso que Ele está falando. Vigiar pensamentos ruins, pensar antes de agir de forma errada e orar, orar muito para que a nossa fé nos dê a força de vigiar constantemente.

Mas, comumente, a gente se esquece que, nas vidas pretéritas, podemos ter feito coisas ruins para esses Espíritos, nos esquecemos que somos responsáveis pelo cuidado com nossos pensamentos e atitudes, pois a gente se julga bom e ponto-final! Mas não é assim. E a 'culpa' não é do Espírito, é nossa, pois, já compreendemos certas verdades que o Espiritismo nos abriu, e que ainda insistimos em não colocar em prática.

E aí temos um sem-número de situações diversas em que não ouvimos nossa intuição e seguimos por caminhos ruins, decisões que tomamos sabendo não serem as melhores, e isso tudo nos traz sofrimento e, com isso, ao invés de pensarmos que nós escolhemos mal, a gente se vitimiza e 'culpa' a tudo, menos a nós mesmos.

É chegada a hora de tomarmos as rédeas de nossas vidas e entendermos que não adianta terceirizar a 'culpa' por aquilo que nos alcança, se muito disso é simplesmente fruto do nosso livre-arbítrio. Como nos exemplos mencionados, temos nosso livre-arbítrio em discutir diante de uma discordância, ao permitir que pessoas nos atinjam de forma muito ruim, o livre-arbítrio de abrir brechas que convidam influências negativas a atuar em nossas vidas, ou até de tomar decisões erradas e 'culpar' a tudo, menos a escolha em si.

O livre-arbítrio é mais uma prova do imenso amor de Deus para com cada um de nós, pois que mérito teríamos se fôssemos guiados sempre para acertar? Seríamos nada além de marionetes! Quando Deus nos dá uma faculdade que permite que façamos escolhas que refletirão em nossa colheita futura, Ele está nos dando a efetiva oportunidade de aprender e de galgar os degraus evolutivos com segurança e com a alegria de termos feitos boas escolhas. "*Com efeito, o verdadeiro mérito não pode resultar senão de um trabalho operado pelo Espírito para vencer uma resistência mais ou menos considerável*[11]"

---

11 KARDEC, Allan. *Revista Espírita: Jornal de Estudos Psico-*

E aqui vai mais uma 'culpa' que terceirizamos, certo? Quantas vezes brigamos com Deus dizendo que Ele nunca nos dá o que queremos? Culpamos Ele pelos acontecimentos que nos atingem achando que é Ele quem permite que seja assim! Ora, há muito ultrapassamos a visão do Deus vingativo, correto?

É o que Kardec nos ensina na *Revista Espírita* de outubro de 1863:

> Não se poderia afirmar, sem blasfêmia, que Deus tenha querido a infelicidade de suas criaturas, pois os infelizes expiam sempre, tanto uma vida anterior mal-empregada quanto sua recusa a seguir o bom caminho, quando este lhe era mostrado claramente[12].

---

lógicos, tradução de Júlio Abreu Filho. Catanduva/SP. Editora Cultural Espírita Edicel. 2018. out. 1863, p. 365.

12 KARDEC, Allan. *Revista Espírita: Jornal de Estudos Psicológicos*, tradução de Júlio Abreu Filho. Catanduva/SP. Editora Cultural Espírita Edicel. 2018. out. 1863, p. 365.

Deus não quer que sejamos criaturas infelizes, longe disso! Mas, sendo justo, Ele quer que alcancemos a felicidade por nossos próprios passos e, por isso, nos concedeu a faculdade de escolher! E, seguindo sendo justo, Ele dá a nós quantas oportunidades precisarmos para aprendermos, pois sabe bem que somos diferentes e que estamos aqui para cair e levantar.

A tristeza, a dor e os acontecimentos que fazem parte de nossa vida são frutos desse livre-arbítrio, que ativa os mecanismos de causa e efeito que sempre farão com que o bem-feito nos alcance, assim como o mal que tenhamos perpetrado seja resgatado para nosso aprendizado e nossa evolução.

Em assim sendo, querido leitor, em tudo que vivenciar nesta existência, reflita: Sou realmente isento de 'culpa' pelo que estou vivendo nesse momento? Kardec nos elucida:

> Assim, depende de cada um abreviar

> a prova que deve sofrer. Por isso, guias seguros bastante numerosos lhe são concedidos para que seja inteiramente responsável por sua recusa de seguir seus conselhos, e ainda, neste caso, existe um meio certo de abrandar uma punição merecida, dando sinais de sincero arrependimento e recorrendo à prece, que jamais deixa de ser atendida, quando feita com fervor. O livre-arbítrio existe, pois, efetivamente no homem, mas com um guia: a consciência[13].

Nós sentimos sim quando também erramos! A consciência nos dá sinais numa espécie de 'ressaca moral' que nós, já um pouco despertos, sabemos bem o que significa. Então, sejamos maduros em reconhecer que nós erramos sim, e muito, mas também podemos acertar, basta que

---

13 KARDEC, Allan. *Revista Espírita: Jornal de Estudos Psicológicos*, tradução de Júlio Abreu Filho. Catanduva/SP. Editora Cultural Espírita Edicel. 2018. out. 1863, p. 366.

deixemos de depositar no outro aquilo que é nossa obrigação fazer e evitar!

4

O véu do esquecimento e os riscos da regressão

Inseridos no meio espírita, estamos mais do que familiarizados com o conceito de 'véu do esquecimento'. Para quem inicia sua trajetória dentro dessas sendas, nada mais é que o esquecimento que vivenciamos enquanto encarnados a respeito de quem fomos e de nossas experiências em vidas passadas.

São inumeráveis as encarnações pelas quais já passamos, desde nossa criação como Espíritos simples e ignorantes, até quem somos hoje, ainda distantes da perfeição, mas muito mais adiantados que em qualquer outra época. Estando hoje, encarnados, não nos recordamos de nada do que já vivemos em épocas pretéritas, e nessa realidade há muito do amor de Deus que nos preserva de tais lembranças. *Não pode o homem, nem deve, saber de tudo. Deus assim o quer em sua sabedoria. Sem o véu que lhe oculta certas coisas, ficaria ofuscado, como quem, sem transição, saísse do escuro para o claro. Esquecido de seu passado, o homem é mais senhor de si*[14]."

A explicação oferecida sobre este tema em *O Livro dos Espíritos* é simples de ser compreendida. Se o que vivenciamos hoje é reflexo das escolhas, acertos e erros do passado (lei de causa e efeito), se nós nos recordássemos dele teríamos acesso a uma espécie de 'cola' que nos influenciaria a fazer o que tem de ser feito porque saberíamos exatamente quais são as nossas necessidades. Se assim fosse, não existiria livre-arbítrio nem mérito. É o que segue nos ensinando *O Livro dos Espíritos* ao mencionar que *"em cada nova existência, o homem dispõe de mais inteligência e melhor pode distinguir o bem do mal. Onde o seu mérito se se lembrasse de*

---

14 KARDEC, Allan. *O Livro dos Espíritos*, tradução de Guillon Ribeiro. Campos dos Goytacazes/RJ. Editora Letra Espírita. 2022, p. 171.

todo o passado?"[15].

Recordarmo-nos de tudo o que diz respeito às nossas existências passadas seria questionar a justiça e a bondade de Deus, eis que Ele nos colocaria na vida material como meras marionetes que saberiam exatamente para onde ir, o que fazer e o que precisariam buscar. Qual validade teria uma vida assim? Ter acesso a essas lembranças de forma plena seria desrespeitar a lei de progresso, e Deus não descumpriria uma lei imposta por Ele mesmo.

Progredir significa avançar; é a ação ou o resultado de progredir, e, sendo verbo, demanda movimento. Se apenas seguíssemos um *script*, o esforço/ação seria mínimo afetando diretamente esse progresso demandado.

A pluralidade das existências se justifica exatamente porque é por meio dela que

15 KARDEC, Allan. *O Livro dos Espíritos*, tradução de tradução de Guillon Ribeiro. Campos dos Goytacazes/RJ. Editora Letra Espírita. 2022, p. 172.

nós aprendemos lições necessárias, erramos, acertamos, recomeçamos, reencontramos afetos e desafetos, e a somatória disso tudo nos eleva na escala dos Espíritos. Esse cair e levantar faz parte desse processo, justamente porque no grau evolutivo em que ainda nos encontramos aprendemos com maior efetividade pela dor. Se tudo fosse um mar de rosas de acertos, estaríamos condenados à estagnação.

Muitos podem dizer que tudo seria mais fácil se essa lembrança fosse presente em nossas vidas, mas trata-se de constatação simplória e preguiçosa, pois somos tendentes ao mínimo esforço enquanto vivemos na materialidade. Entretanto, se nós nos conscientizássemos da necessidade de silenciar um pouco o turbilhão de pensamentos, ações e pressa com os quais convivemos diariamente, perceberíamos que há conosco um guia que nos alerta sobre essas vivências e seus consequentes reflexos no hoje:

Mergulhado na vida corpórea, perde

o Espírito, momentaneamente, a lembrança de suas existências anteriores, como se um véu as cobrisse. Todavia, conserva algumas vezes vaga consciência dessas vidas, que, mesmo em certas circunstâncias, lhe podem ser reveladas. Esta revelação, porém, só os Espíritos superiores espontaneamente lhe fazem, com um fim útil, nunca para satisfazer a vão curiosidade. [...] O esquecimento das faltas praticadas não constitui obstáculo à melhoria do Espírito, porquanto, se ele não lembra delas com precisão, o conhecimento que delas teve no estado errante e o desejo de repará-las guiam-no por intuição, e lhe dão a ideia de resistir ao mal. Essa ideia é a voz da consciência, secundada pelos Espíritos que o assistem, se atende às boas inspirações que lhe dão[16].

---

16 KARDEC, Allan. *O Livro dos Espíritos*, tradução de Guillon Ribeiro. Campos dos Goytacazes/RJ. Editora Letra

Como é possível entender, esse esquecimento acontece com todos os que estão mergulhados na materialidade, mas há reminiscências de recordações que podemos traduzir como a voz de nossa consciência, nossa intuição geralmente não ouvida ou deixada em segundo plano. Conforme aduz Kardec em nota à questão 393, *"[...] sendo as nossas tendências instintivas uma reminiscência do passado. E a nossa consciência, que é o desejo que experimentamos de não reincidir nas faltas já cometidas, nos concita à resistência àqueles pendores*[17]*."* Em casos muito raros essas lembranças podem ser reveladas, mas isso deve atender a um objetivo útil que é estabelecido pela Espiritualidade superior, e jamais atende à nossa curiosidade.

Aqui adentramos na polêmica questão da regressão. Mas, antes, uma ressalva necessária:

Espírita. 2022, p. 175.

17 KARDEC, Allan. *O Livro dos Espíritos,* tradução de Guillon Ribeiro. Campos dos Goytacazes/RJ. Editora Letra Espírita. 2022, p. 171.

neste ponto não trabalharemos qualquer abordagem do ponto de vista da Psicologia, pois não há qualificação/licença profissional para tanto. Traremos reflexões puramente embasadas no que o Espiritismo nos ensina a respeito da regressão.

A Espiritualidade nos traz na questão 398.a de *O Livro dos Espíritos* a informação de que *"[...] o Espírito* é suscetível de se adiantar ou de parar, nunca, porém, de retroceder[18]". Dessa afirmação podemos tirar uma conclusão óbvia: somos hoje a melhor versão de nós mesmos que existiu em qualquer tempo.

E aí, inicia-se o problema de uma possível regressão. Pensemos com exemplos: E se numa pretensa regressão você descobrisse que foi um matador cruel? E se se defrontasse com a realidade de ter cometido atrocidades em uma de suas

---

18 KARDEC, Allan. *O Livro dos Espíritos,* tradução de Guillon Ribeiro. Campos dos Goytacazes/RJ. Editora Letra Espírita. 2022, p. 174.

vidas? E se lhe fosse revelado que numa existência pretérita você assassinou aquela que hoje está como sua mãe? E se descobrisse que aquela pessoa que você não consegue ter simpatia te matou numa outra vida? Como lidaria com o fato de descobrir que foi uma pessoa famosa num momento do passado? Que foi uma rainha, um rei, um general, um presidente, alguém que fez parte de um fato histórico importante? Quem nos responde é Kardec em nota à questão 394 de *O Livro dos Espíritos*:

> Gravíssimos inconvenientes teria o nos lembrarmos das nossas individualidades anteriores. Em certos casos, humilhar-nos-ia sobremaneira. Em outros, nos exaltaria o orgulho, peando-nos, em consequência, o livre-arbítrio. Para nos melhorarmos, dá-nos Deus exatamente o que nos é necessário e basta: a voz da consciência e os pendores primitivos. Priva-nos do que nos prejudicaria.

> Acrescentemos que, se nos recordássemos dos nossos precedentes atos pessoais, igualmente nos recordaríamos dos outros homens, do que resultaria talvez os mais desastrosos efeitos para as relações sociais. Nem sempre podendo honrar-nos do nosso passado, melhor é que sobre ele um véu seja lançado [...][19].

A inegável verdade é que diante dos exemplos trazidos e da consequente explicação de Kardec, nós não saberíamos passar incólumes a tais revelações. Mais do que apenas ter uma 'cola', lembrar desses tempos idos nos atingiria com força, seja nos envergonhando, seja exaltando ainda mais o nosso orgulho.

> A natureza dessas vicissitudes e das provas que sofremos também nos podem esclarecer do que fomos e do que

---

19 KARDEC, Allan. *O Livro dos Espíritos*, tradução de tradução de Guillon Ribeiro. Campos dos Goytacazes/RJ. Editora Letra Espírita. 2022, p. 173.

> fizemos, do mesmo modo que neste mundo julgamos dos atos de um culpado pelo castigo que lhe inflige a lei. Assim, o orgulhoso será castigado no seu orgulho, mediante a humilhação de uma existência subalterna; o mau rico, o avarento, pela miséria; o que foi cruel para os outros, pelas crueldades que sofrerá; o tirano, pela escravidão; o mau filho, pela ingratidão de seus filhos; o preguiçoso, por um trabalho forçado etc[20].

Sendo sinceros conosco, vivemos pouco o hoje, pois relembramos demais o que já foi ou planejamos e esperamos pelo futuro. O que devemos ter em mente é que o hoje é o passado ainda ao nosso lado, o presente é o que desenhamos no pretérito, e basta que olhemos atentamente para os acontecimentos hodiernos para que te-

---

20 KARDEC, Allan. *O Livro dos Espíritos*, tradução de Guillon Ribeiro. Campos dos Goytacazes/RJ. Editora Letra Espírita. 2022, p. 175.

nhamos a ideia de quais são as nossas reais necessidades de aprendizado, evolução e resgates.

É preciso que nos fixemos no presente. O que foi um dia está sendo colhido no hoje, e neste mesmo hoje estamos plantando as sementes que colheremos ao longo das próximas encarnações a serem vivenciadas. De todos os tempos, o mais importante é o agora. O passado não se muda, se resgata. O futuro, por sua vez, se o presente for vivido com inteligência e atenção, pode ser desenhado por nós num cenário muito mais bonito e leve. O que precisamos para que isso aconteça? Disciplina! Reforma íntima! Estudo! Autoconhecimento! Sermos verdadeiros com quem somos!

Não mexa num passado que deve ser apenas a fonte de nossos aprendizados. Viva o hoje de forma plena e sincera para que seu futuro seja muito melhor que o agora. Quando retornarmos à Vida Espiritual, nós teremos de volta tais recordações e, assim, planejaremos os nossos passos a fim de ter uma nova encarnação proveitosa e que nos proporcione mais evolução. Enquanto encarnados aqui, nos cabe a missão de lutar por nosso crescimento. Tudo a seu tempo!

5

A seletividade do amor ao próximo

Uma das frases mais conhecidas de Jesus é aquela em que Ele nos recomenda que amemos o nosso próximo. Nós a repetimos o tempo todo, principalmente quando buscamos corrigir a atitude de outra pessoa. Mas, será que nós, realmente, amamos o nosso próximo?

Primeiramente, há um questionamento: Quem é o próximo? Nas entrelinhas da frase de nosso irmão mais velho está claro que 'próximo' é todo mundo. Nós amamos todo mundo?

É extremamente fácil amar aqueles que fizeram nascer em nós esse sentimento há muito tempo. Dentro de nosso seio familiar temos aqueles que amamos de todo coração, que desde que despertamos nessa vida são donos de nossa simpatia e de um convívio calmo e agradável. Há os que encontramos pelos caminhos da vida que se tornam amigos do coração, pessoas com as quais simpatizamos com extrema rapidez e que se tornam parte da família que construímos ao longo do tempo. Esses são nossos próximos e os amamos, é inegável.

Entretanto, ainda em nosso meio familiar há os que inexplicavelmente nos causam antipatia e com os quais não conseguimos lidar de forma saudável. Há aqueles de fora desse ciclo, pessoas que encontramos pela vida e que igualmente nos causam sentimentos ruins. E a lista se torna bastante extensa desse ponto: criminosos que conhecemos pelos noticiários, políticos corruptos, pessoas em situação de rua que tratamos como seres invisíveis, pessoas públicas que erram como todos nós erramos, Espíritos obsessores que nos alcançam (porque abrimos a porta), e todas as demais pessoas do mundo que não fazem parte do rol que tem um espaço reservado em nosso coração. A lista de próximos desconhecidos é imensa. Esses a gente ama? De jeito nenhum! Mas vamos analisar cada um desses casos para refletirmos.

Quando nos deparamos com uma notícia que fala sobre um crime brutal, instintivamente vestimos uma toga de juiz e condenamos aquele ser humano que errou... sim, e muito. Ter empatia por criminosos é extremamente difícil, pois somos pessoas que buscamos caminhar por trilhas corretas, agindo dentro da legalidade, e pelas leis humanas e imateriais sabemos que todo tipo de crime é condenável. Mas não é a nós que cabe o papel do julgamento.

Somos humanos e jamais seria possível que amássemos essa pessoa porque estamos muito distantes de conhecer e entender a fundo esses mecanismos que deveriam ser levados em conta para o exercício de nossa empatia. Mas há algo que podemos fazer, e é o mínimo para tentar amar esse próximo: orar! Uma pessoa que comete um crime, seja ele contra o patrimônio, seja ele contra a vida de alguém, é um Espírito que ainda não atingiu grau de evolução suficiente para entender que o caminho não é o que ele escolheu. E pasmem, possivelmente já fomos um deles um dia (lembrem-se de que hoje somos a nossa melhor versão).

Esse Espírito que hoje está encarnado não precisa de toda a energia negativa que nós o enviamos em forma de ódio, repreensão, repulsa, medo e todos os demais sentimentos de baixa vibração que brotam dessas situações. Ele precisa de muita oração para ser atingido pelo amor e, assim, conscientizar-se, mesmo que, aos poucos, da necessidade de melhorar-se. Eu sei, não é tarefa fácil, mas é preciso que nós exercitemos essas tentativas para concretizar o que Jesus nos recomendou.

Tema bastante atual diz respeito à política e seus atores. De uns anos para cá, vimos nascer um imenso ódio entre pessoas que têm posicionamentos diferentes, gerando uma polarização sem igual no nosso país. Sabemos que muitos políticos não trabalham para o povo e que há inúmeros casos de corrupção que nos indignam diante do assustador número de pessoas que passam fome e vivem em situações desumanas, que acabam culminando nas tragédias que vimos acontecer nos últimos tempos. Sabemos bem que isso ocorre pelo mau uso do dinheiro público que não é destinado aos setores aos quais deveriam se vincular.

Entretanto, é preciso que entendamos que esse ódio que nutrimos não tem serventia alguma, e assim como no caso anterior, é preciso que oremos por esses representantes para que se conscientizem de sua função social e de que devem trabalhar para o povo, e não visando interesses próprios.

Já com relação às pessoas em situação de rua, é preciso uma mudança de postura urgente de nossa parte. Essas pessoas não vivem em uma situação tão degradante porque assim desejam. Nós tratamos essas pessoas como seres invisíveis, pois não as enxergamos (ou fingimos não ver) pelas calçadas quando passamos com a pressa que nos é característica. Essas pessoas sofrem demasiadamente e demandam o nosso amor, não só a caridade que fazemos de tempos em tempos, em épocas frias nas quais a seletiva caridade humana lembra que elas existem. É preciso mais, é preciso que sejam vistas e que cobremos de quem detém o poder decisório, soluções efetivas para tais situações. Enquanto isso, sim, a caridade, mas também o bom-dia, o sorriso sincero, o olhar carinhoso. Elas quase não contam com isso.

Ah, não podemos nos esquecer da internet e das pessoas que dependem dela para trabalhar, famosos que usam de suas redes sociais para divulgar seu trabalho. De uns tempos para cá, essa 'terra' virou o caos, pois, nós, anônimos, nos sentimos no direito de julgar mais do que temos coragem de julgar pessoalmente. Condenamos e massacramos essas pessoas como se nós fossemos perfeitos e nunca errássemos. Nos entendemos no pleno exercício do direito de apontar o dedo para realidades que desconhecemos.

São humanos como nós! Erram, sofrem, têm dias ruins, mas nós colocamos essas pessoas em patamares muito altos que não permitem um deslize sequer, e, em virtude disso, vemos diversas figuras públicas perderem seu brilho dia após dia pelo medo de sofrerem novamente. Cadê o amor ao próximo?

E, por fim, mencionamos nossos irmãos desencarnados ainda em nível evolutivo que os faz pensar que o mal compensa. Esses precisam e muito de nossas orações, pois Espíritas que somos, bem sabemos o tempo que estão perdendo ao invés de buscar por sua evolução. E, além disso, nossas orações são mais que necessárias, pois desconhecemos absolutamente o motivo que os leva a tornarem-se nossos obsessores.

Sim, pois é fato notório que esses processos, muitas vezes, ocorrem por vingança de algo que ocorreu numa vida passada. Por isso, pare e reflita, além de não ter vigiado e, assim, ter aberto a porta para que um obsessor nos alcançasse, qual seria a parcela de responsabilidade que nos cabe nesse pensamento que ele ainda alimenta?

E, por aí, seguiríamos numa infindável lista de próximos que não amamos como irmãos, pessoas da comunidade LGBTQIAPN+, pessoas de classes sociais diferentes, enfim, aqueles a quem ainda impomos condições para amar, indo em sentido contrário às palavras de Jesus. Assim, *O Evangelho Segundo o Espiritismo* elucida:

> "Amar o próximo como a si mesmo; fazer aos outros o que nós queríamos que os outros nos fizessem" é a expressão mais completa da caridade, pois resume todos os deveres para com o próximo. A esse respeito, não pode haver guia mais seguro que tomar o que se deseja para

> si mesmo como medida do que se deve fazer aos outros. Com que direito se exigirá de seus semelhantes melhores procedimentos, indulgência, benevolência e devotamento, se, por sua vez, não agir assim para com eles? A prática dessas máximas leva à destruição do egoísmo. Quando os homens as tomarem como regra de sua conduta e como base de suas instituições, compreenderão a verdadeira fraternidade, e farão reinar entre si a paz e a justiça. Não mais haverá ódios nem dissenções, mas união, concórdia e benevolência mútua[21].

Fazer ao outro o que gostaríamos que fizessem conosco! Eis a base do entendimento da recomendação de amar o próximo. Se o amor puro é difícil de ser vivenciado, que, ao menos, não façamos aquilo que sabemos que iria nos ferir se

---

21 KARDEC, Allan. *O Evangelho Segundo o Espiritismo*, tradução de Matheus R. Camargo. Capivari/SP. Editora EME. 2019, p. 117.

fizessem conosco.

Somos todos passíveis de erros, somos todos essencialmente diferentes. Nem todos concordam com quem somos ou com nossas atitudes, mas sabemos que fazemos o nosso melhor. Então, nós iríamos gostar que nos julgassem por realidades que só dizem respeito a nós mesmos? Por certo que não.

Assim, o mínimo que devemos buscar é não julgar o que desconhecemos em suas raízes. Respeitar!!! Porque quando Jesus disse para amarmos o próximo, Ele não disse nenhum 'e se'. É amar e ponto, sem condições, não só os que nos agradam e que pensam como nós. A oração é o melhor meio de buscarmos essa vivência.

É preciso que tenhamos cuidado, porque sabemos das engrenagens que movimentam a lei de causa e efeito e, por esse motivo, a vida, às vezes, se faz de espelho. O dedo que nós apontamos hoje pode estar voltado para a gente no amanhã.

2ª parte:

Reflexões para autoanálise

1

Deus é ecumênico, mas o homem é intolerante

Ecumênico é tudo o que une pessoas que professam diferentes religiões ou ideologias. Deus é assim. Jesus também. Nenhum d´Eles nos fala sobre qualquer religião, mas lecionam a respeito de verdades universais que não são privilégio de qualquer doutrina. Sim, caros leitores, a religião é uma invenção humana.

O homem, no estágio evolutivo em que se encontra, ainda necessita de tais denominações porque é apegado a convenções, a ritos ou dogmas. O ambiente religioso no qual nos inserimos serve para que nos identifiquemos com a forma de propagação dos ensinamentos e ali encontremos o conforto necessário na busca por Deus.

> O ser humano religioso sente necessidade de viver em um espaço sagrado e conviver com coisas sagradas, por isso, constrói lugares e coloca objetos que sacraliza, ou seja, que reveste de sentimento religioso.
>
> Evidencia-se que a religião é uma manifestação humana, não se percebendo fenômenos religiosos em outros seres, estando presente em todas as sociedades humanas independente de espaço, tempo, situação geográfica[22].

Se todos compreendêssemos essa constatação o mundo seria um lugar muito melhor, mas, infelizmente, o homem é tendente a iludir-se achando que sua religião é a mais correta e que todos

---

22 BERNARDI, Clacir José; CASTILHO, Maria Augusta de. *A religiosidade como elemento do desenvolvimento humano*. Disponível em: https://www.scielo.br/j/inter/a/5D44rZBWRJ5d8YCpX4GP83H/?lang=pt#:~:text=A%20religi%C3%A3o%20permite%20conhecer%20o,sociedade%2C%20principalmente%20seus%20valores%20%C3%A9ticos. Acesso em: 13 jul. 2022.

devem impreterivelmente segui-la. Ledo engano, conforme nos ensina *O Evangelho Segundo o Espiritismo* ao dizer que o dogma *"fora da Igreja não há salvação*, apoia-se, não sobre a fé, mas sobre a fé especial em dogmas particulares"[23].

Qual é a racionalidade de se pensar numa verdade absoluta e exclusiva de uma determinada religião, se basta boa vontade para compreender que todas professam e levam a um mesmo caminho? A única coisa que as difere entre si é a forma de explicar esses ensinamentos. Cada um de nós absorve de formas diversas. Vamos a um exemplo: durante nossos estudos, alguns têm facilidade em compreender ouvindo, outros lendo, outros fazendo resumos, outros fazendo mapas mentais, enfim, cada qual tem a sua metodologia. Assim o é quando o assunto é religiosidade. Só que há uma parcela de pessoas que se torna intolerante com os diferentes. Os números

---

23 KARDEC, Allan. *O Evangelho Segundo o Espiritismo*, tradução de Matheus R. Camargo. Capivari/SP. Editora EME. 2019, p. 162.

não mentem!

Desde o ano de 2007, o dia 21 de janeiro é considerado o Dia Nacional de Combate à Intolerância Religiosa. Essa data foi criada justamente porque no mesmo dia, no ano 2000, um terreiro de Candomblé foi invadido e a Iyalorixá Gildásia dos Santos foi vítima de homicídio motivado pela religião que ela professava. No ano de 2021, o Ministério da Mulher, da Família e dos Direitos Humanos recebeu 586 denúncias de intolerância religiosa, configurando-se um aumento de 141% em relação ao ano de 2020[24].

E, novamente, esclarece-nos *O Evangelho Segundo o Espiritismo*:

> Esse dogma é exclusivista e absoluto; em vez de unir os filhos de Deus, sepa-

---

24 HOLANDA, Letícia. *Denúncias de intolerância religiosa cresceram 141% no Brasil em 2021.* Disponível em: https://www.metropoles.com/brasil/denuncias-de-intolerancia-religiosa-cresceram-141-no-brasil-em-2021. Acesso em: 13 jul. 2022.

ra-os. Em vez de estimulá-los ao amor a seus irmãos, sustém e sanciona a irritação entre os sectários dos diferentes cultos, que se consideram reciprocamente amaldiçoados por toda a eternidade mesmo sendo parentes ou amigos neste mundo[25].

Não é incomum que se verifique essa afirmação na prática. Em simples questionamentos nas redes sociais espíritas, muitos confessam já terem sido vítimas de intolerância religiosa por parte de adeptos de outras doutrinas. A religião nos separa e isso é muito triste.

Entenda, o Espiritismo também não vem buscar a colocação de detentor da verdade suprema, justamente porque "a verdade absoluta não é partilhada senão pelos Espíritos da mais elevada ordem, e a humanidade terrestre não poderia

---

25 KARDEC, Allan. *O Evangelho Segundo o Espiritismo*, tradução de Matheus R. Camargo. Capivari/SP. Editora EME. 2019, p. 162.

pretendê-la, porque não lhe é dado saber tudo[26]". Entretanto, o Espiritismo traz à baila um ensinamento que se aplica a todos sem qualquer distinção: é fora da caridade que não há salvação e essa máxima "apoia-se sobre um princípio universal, abre a todos os filhos de Deus o acesso à felicidade suprema [...]"[27].

E somando-se a todo o exposto, tem-se mais uma grande constatação: ser religioso não torna qualquer pessoa superior às outras. A religião não é lugar que nos confere qualquer tipo de moralidade indiscutível como muitos querem fazer crer. Em toda e qualquer ambiência onde o ser humano se insira, há quem ande em caminhos retos e quem escolha pelas tortuosidades em suas andanças.

---

26 KARDEC, Allan. *O Evangelho Segundo o Espiritismo*, tradução de Matheus R. Camargo. Capivari/SP. Editora EME. 2019, p. 162.

27 KARDEC, Allan. *O Evangelho Segundo o Espiritismo*, tradução de Matheus R. Camargo. Capivari/SP. Editora EME. 2019, p. 162.

Há ateus moralmente superiores a pessoas religiosas, enquanto há padres, pastores, médiuns, pais de santo e todos os títulos que se encontram em outras religiões que têm a moral mais vil de todas. Religião não torna as pessoas perfeitas!

Cada um de nós que busca uma trilha para encontrar a Deus e, ao longo dela, praticar as máximas de Jesus, como o amor ao próximo – exemplo bastante pertinente ao tema –, deve centrar-se em tornar-se alguém espiritualizado, e não religioso!

Ser espiritualizado não tem nada a ver com o Espiritismo, para deixar bem claro. Ser uma pessoa espiritualizada é um modo de vida, um caminho, um estado do ser que consegue acessar sua verdadeira essência e espalhar a luz que se encontra ao seu redor. É uma pessoa que consegue vivenciar os ensinamentos de Jesus e acolhe os aflitos, é humilde, vigia atitudes e pensamentos, é doce, resignada e pacífica, age com misericórdia, ama seu próximo e a si mesma, não julga os irmãos, faz a caridade sem buscar o aplauso da sociedade, enfim, toda a gama de ensinamentos elevados que Jesus deixou em forma de exemplo enquanto passou pela Terra.

A religião pode sim nos auxiliar a alcançar esse estado do ser, mas sem o esforço pessoal, o entendimento dos reflexos morais da religião, não se sai do lugar. Fé é ação, é movimento, é racionalidade, é prática. Aqueles que, indiscutivelmente, não são espiritualizados, exercem apenas a fé cega que distingue e desune.

Há um velho ditado que estabelece que, dentre outros assuntos, religião é um dos que não se discute. Mas não deveria ser assim e, se o é, é justamente pela existência da intolerância.

Para as pessoas a religião ensina sobre o amor, sobre o sentido da vida, sobre a capacidade de perdoar, o valor da família, o desejo de ser uma pessoa melhor, a compreensão e a aceitação da dor e da morte. A pergunta que faço é: É preciso falar de religião para conversar sobre esses assuntos? Não, porque esses temas são essencialmente filosóficos!

A palavra *Filosofia* é de origem grega, e significa "amor à sabedoria". Filosofar quer dizer refletir sobre questões fundamentais da vida humana porque quem o faz sente que precisa de uma resposta a essas questões para viver melhor. Filosofa – mesmo sem saber o nome dessa atividade – quem se pergunta, por exemplo, como deveria ser uma sociedade justa, ou como distinguir entre o que verdadeiramente sabemos e o que apenas opinamos. Também filosofa quem busca a maneira correta de enfrentar um dilema moral, ou quem quer saber se a existência humana tem um significado[28].

---

28 CUPANI, Alberto. *O que é filosofia?* Disponível em: https://lefis.ufsc.br/o-que-e-filosofia/. Acesso em: 13 jul. 2022.

Resumindo, não é preciso ter religião para refletir sobre esses temas e colocá-los em prática. E a religião sozinha não conseguirá fazer com que alguém pratique esses ensinamentos. Juntos e agregando tudo o que adquirimos de conhecimento até o estágio em que nos encontramos, somos muito mais fortes e capazes de nos auxiliar mutuamente.

Vivencie sua religião, esteja em um meio no qual se sente confortável, busque o seu caminho até a espiritualização, mas respeite o processo das outras pessoas! Precisamos definitivamente compreender que "todos os homens são irmãos, e seja qual for sua maneira de adorar a Deus, eles se estendem as mãos, e oram uns pelos outros"[29].

---

29 KARDEC, Allan. *O Evangelho Segundo o Espiritismo*, tradução de Matheus R. Camargo. Capivari/SP. Editora EME. 2019, p. 162.

2

Muitos de nós somos suicidas inconscientes

Somos condicionados a pensarmos no tema do suicídio como envolvendo uma pessoa que decide pela cessação da vida por meio de um ato voluntário. Este é um assunto já bastante trabalhado pela Doutrina Espírita e que bem conhecemos. Entretanto, nem sempre o suicídio ocorre dessa forma, ou seja, conscientemente e de forma voluntária. Sim, existe também o suicídio inconsciente.

O caso mais conhecido dentre os adeptos do Espiritismo e entre os leitores em geral é o do Espírito André Luiz, em um caso narrado na obra *Nosso Lar*, pela psicografia de Chico Xavier. Ao ver-se no Umbral e ao notar que era chamado de suicida, André Luiz não se enxergava dessa forma, mas por conta de seu estilo de vida enquanto encarnado, era considerado um suicida inconsciente, pois agiu de forma a minimizar seu tempo de vida por meio de seus hábitos prejudiciais.

Agora, reflitamos: O quanto a rotina na qual estamos mergulhados na atualidade é saudável? Pouco, certo? E é sobre isso que falaremos neste tópico.

Inicialmente, há que se falar sobre os vícios. Os mais conhecidos e discutidos são aqueles que abrangem drogas ilícitas, álcool e cigarro. É desnecessário explicar o quanto essas substâncias fazem mal ao nosso corpo, deteriorando nossa força vital aos poucos e, sem dúvida, reduzindo nosso tempo de estadia na encarnação terrestre.

Mas, então, quer dizer que todos temos um tempo predeterminado de vida? Sim! Quando uma nova encarnação começa a ser planejada, um dos tópicos, por assim dizer, versa sobre o tempo de vida que irá nos permitir alcançar os êxitos de nossas necessidades. Quando fazemos uso dessas drogas ilícitas ou lícitas, estamos atingindo diretamente o nosso corpo em sua vitalidade, e mesmo que esses sinais demorem um pouco para acontecer, eles não deixarão de ocorrer e isso configura-se como suicídio inconsciente:

> 952. Comete suicídio o homem que perece vítima de paixões que ele sabia que lhe haviam de apressar o fim, porém a que já não podia resistir, por havê-las o hábito mudado em verdadeiras necessidades físicas? É um suicídio moral. Não percebeis que, nesse caso, o homem é duplamente culpado? Há nele então falta de coragem e bestialidade, acrescidas do esquecimento de Deus[30].

---

30 KARDEC, Allan. *O Livro dos Espíritos*, tradução de Guillon Ribeiro. Campos dos Goytacazes/RJ. Editora Letra Espírita. 2022, p. 344.

O bem-estar momentâneo que esses produtos nos proporcionam acaba por nos levar ao vício. Abusamos deles usando vários pretextos: o cigarro para acalmar, o álcool para relaxar, e as drogas ilícitas para fugir de uma realidade. Só que nosso corpo é frágil, e o tempo é implacável ao trazer os efeitos de tantos abusos.

Como nos ensina a questão anterior de *O Livro dos Espíritos*, o descontrole que essas paixões nos acarretam tornam-nos duplamente culpados, pois não há quem desconheça os efeitos nocivos de tais produtos, mas, ainda assim, permanece mergulhado no vício, muitas vezes, sem o esforço de tentar superá-lo.

Nesse sentido, não há como deixar de mencionar os modernos cigarros eletrônicos que, de tempos para cá, viraram moda como alternativa aos desconfortos de cheiro e fumaça causados pelo cigarro convencional, além de, inicialmente, servirem como meio de combater o tabagismo tradicional. Esses produtos, ao menos até a data em que escrevemos este livro, são proibidos no Brasil, mas, ainda assim, são encontrados facilmente para venda.

Não é novidade que já foram veiculadas reportagens sobre os seus malefícios e, inclusive, as graves doenças que eles causam. É mais uma das causas de suicídio inconsciente e ouso dizer, inclusive, que agravado, eis que os que o adquirem em terras brasileiras sabem que ele é proibido.

Estes, anteriormente citados, são velhos conhecidos da maioria, e aqueles que se debruçam no estudo da Doutrina Espírita sabem que são tidos como agentes do suicídio inconsciente. Mas há outros que pouco refletimos.

Celular e internet, esses companheiros inseparáveis de nossas vidas, também podem vir a se transformarem em agentes perigosos para a nossa saúde. O uso excessivo de celular pode fazer com que desenvolvamos diversas doenças silenciosas, mas, não por isso, menos dolorosas.

Embora, no Brasil, ainda não seja reconhecida como uma doença e ainda não haja tratamento especializado, a literatura médica já nos apresenta a nomofobia, que "é o nome que se dá para as pessoas que são viciadas em celular. Esse vício faz com que os celulares precisem estar em mãos a todo o momento"[31].

Nada é tão inofensivo quanto parece, justamente pelo fato de que nós, seres humanos, somos tendentes ao desequilíbrio e é dele que os problemas decorrem. Essa ânsia de estar sempre conectado afeta a nossa vida em diversas vertentes e pode vir a causar problemas que incidem diretamente em nossa saúde. É o que nos ensina o psicólogo Michel Zanchet:

Há a sensação de improdutividade,

31 GLOBALMED. *6 malefícios causados pelo uso excessivo do celular*. Disponível em: https://www.globalmedclinica.com.br/uso-excessivo-celular/. Acesso em: 13 jul. 2022.

> uma sensação de incompetência, insegurança, falta de confiança, nível de ansiedade maior, estresse, tensão muscular, insônia e assim por diante. O uso exacerbado de aparelhos eletrônicos também causa dificuldade de relacionamento interpessoal e social, pois as pessoas tendem, assim, a se habituar ao mundo virtual, o que pode resultar em fobia social, síndrome do pensamento acelerado ou síndrome do pânico[32].

Não é preciso dizer que essas consequências elencadas anteriormente deterioram nossa saúde, correto? Mas, se ainda restar dúvida, saiba que há um ciclo de recompensas oferecido pelo nosso próprio cérebro para alimentar esse vício em internet:

---

32 MAYARA, Jéssica. *Uso de tecnologia em excesso pode ser prejudicial à saúde.* Disponível em: https://www.em.com.br/app/noticia/bem-viver/2020/07/30/interna_bem_viver,1171488/uso-de-tecnologia-em-excesso-pode-ser-prejudicial-a-saude.shtml. Acesso em: 13 jul. 2022.

Se você também se pergunta por que é tão difícil largar as redes sociais, a resposta está em "apenas" uma palavra: dopamina. Este neurotransmissor produzido pelo cérebro no sistema mesolímbico (conhecido também como "circuito de recompensa"), atua sobre o humor, o prazer, o aprendizado, a motivação, a coordenação motora, entre outras.

Sua liberação ocorre sempre que um estímulo externo é interpretado pelo cérebro como algo prazeroso. Esse estímulo pode vir ao se realizar atividades físicas, fazer sexo, comer chocolate, jogar videogame ou até no consumo de drogas lícitas e ilícitas. "O cérebro precisa de substâncias como a dopamina e serotonina para se sentir bem e ele aprende rapidamente quais atividades dão a ele as maiores quantidades", explica a psicóloga clínica e fundadora do Laboratório

Delete, Anna Lucia Spear King, também professora do Instituto de Psiquiatria da UFRJ. Entre essas atividades está o uso das redes sociais[33].

Toda essa exposição e todas essas consequências nos causam, de forma inegável, o estresse, e ele é extremamente prejudicial à nossa saúde, pois nos induz a hábitos pouco saudáveis, afeta o nosso sistema imunológico, prejudica o nosso sono e nossa saúde mental, e aumenta as chances de doenças cardíacas[34].

Diante de todo o exposto, podemos enxergar que o problema central é o nosso desequilíbrio, a nossa tendência aos excessos e a busca incessan-

---

33 REVISTA ARCO. *Como as redes sociais hackeiam a sua mente.* Disponível em: https://www.ufsm.br/midias/arco/como-redes-sociais-hackeiam-sua-mente/. Acesso em: 13 jul. 2022.

34 SOUZA, Marcelle. *Cinco formas como o estresse reduz a expectativa de vida (e você nem nota!).* Disponível em: https://www.uol.com.br/vivabem/noticias/redacao/2018/12/03/cinco-formas-como-o-estresse-reduz-a-expectativa-de-vida-e-voce-nem-nota.htm. Acesso em: 13 jul. 2022.

te pela fuga de nossa realidade. As substâncias nocivas e os elementos modernos que nos causam estresse e desencadeiam patologias mentais, como ansiedade, síndromes e até depressão são a nossa forma de viver prazerosamente quando a verdade do mundo real não nos satisfaz.

Tudo o que afeta nossa expectativa de vida é um exemplo de suicídio inconsciente, e é preciso olhar para isso com atenção, pois é necessário que aprendamos a lidar com as nossas questões de forma mais direta. As dificuldades enfrentadas ao longo de nossas vidas são as nossas conhecidas provas necessárias à nossa evolução espiritual e fugir delas, infelizmente, só acumula a bagagem.

Não há problema algum em escapar um pouquinho, pois, sim, é pesado e cansativo, sabemos que a vida não é um mar de rosas e está longe de ser fácil, mas escapar um pouquinho não é debruçar-se nos elementos de fuga que não nos permitem olhar ao nosso redor e encarar de frente os problemas que nos atingem. O problema é o excesso que, mais cedo ou mais tarde, nos alcançará em forma de sintomas físicos.

É preciso encarar a verdade de que, atualmente, não são apenas as coisas que sabemos ser prejudiciais por sua própria composição que nos causam doenças, mas, ouso dizer, que há mais coisas ainda que são invisíveis e intangíveis que têm uma capacidade tão destruidora quanto um cigarro, uma droga ilícita ou um "porre" recorrente.

Precisamos buscar o equilíbrio (e a resolução do problema que nos causa o impulso de fugir da realidade).

5

Excesso de amanhã: a ansiedade nossa de cada dia

O Brasil, infelizmente, ocupa o primeiro lugar no *ranking* mundial de pessoas ansiosas, patologia que afeta 19 milhões de brasileiros de acordo com dados de 2019, divulgados pela Organização Mundial da Saúde. Isso corresponde a 10% da população do país e essa estatística pode ser ainda maior por conta da subnotificação[35].

Importante destacar que a ansiedade por si só não é prejudicial à vida humana, pois faz parte dos mecanismos de defesa que nos alertam e nos previnem de problemas e perigos iminentes.

---

35 SPINASSÉ, Francine. *Brasil é campeão mundial em ansiedade.* Disponível em: https://tribunaonline.com.br/saude/brasil-e-campeao-mundial-em-ansiedade-117631. Acesso em: 19 jun. 2022.

Ela se torna problemática a partir do momento em que toma conta da vida de seu portador e faz parte inexorável de seus dias e vai muito além da preocupação excessiva com situações que ainda nem aconteceram.

O chamado transtorno de ansiedade generalizada traz como sintomas a preocupação intensa e sem motivo aparente, mas também traz insônia, medos irracionais que causam intensa perturbação, tensões musculares, problemas digestivos, aversão a eventos sociais por medo de julgamentos, sensação persistente de constrangimento, crises de pânico, perfeccionismo, maus pressentimentos, angústia, falta de concentração, sudorese, alterações no ritmo cardíaco e na respiração, dificuldade de concentração, e muitos outros, eis que a sintomatologia varia de pessoa para pessoa.

Sendo ainda um tabu em nossa sociedade, a primeira desmistificação a ser feita é justamente a de que o ansioso não é uma pessoa que só se preocupa com o futuro, pois tudo o que ele mais queria era que isso realmente não acontecesse, mas é involuntário, é uma doença que demanda tratamento e acolhimento por parte da rede de apoio dessas pessoas.

Espiritualmente, traz-nos o Mestre Jesus a seguinte orientação: "Não vos inquieteis, pois, pelo dia de amanhã, porque o dia de amanhã cuidará de si mesmo. Basta a cada dia o seu mal"[36].

E, assim, passamos a falar sobre esse estigma do excesso de amanhã. É inegável que o futuro nos traz incertezas. O ser humano tem a tendência quase que instintiva de buscar o controle de tudo aquilo que o cerca, e quando o assunto é o futuro, há a sensação de que esse controle não é possível, só que isso é uma inverdade. Passemos a uma reflexão.

Espíritas que somos, sabemos que tudo o

---

36 (Mateus, 6:34).

que vivenciamos na atual existência faz parte da colheita de sementes plantadas no passado. Um dia, o hoje já foi futuro para nosso Espírito, e vivenciando situações das quais hoje não nos recordamos, semeamos tudo o que hoje nos encontra ao longo dos caminhos, sejam as realizações merecidas, sejam as provas necessárias para seus devidos reajustes.

Portanto, racionalmente é fácil concluir que estamos plantando no hoje o que germinará no futuro. Ou seja, temos controle do que nos alcançará. E podemos ir além e dizer que diante de tudo o que o Espiritismo nos ensina, já sabemos bem em qual chão devemos pisar para não incorrermos em erros que nos acompanham desde nossa criação como Espíritos ignorantes e primitivos.

Entretanto, bem sabemos que a teoria é bem diferente da prática, e há sim muitas dificuldades em vivenciar de forma efetiva tudo o que intelectualmente já temos. Entretanto, o Espiritismo serve justamente a esse papel de ensinar o caminho, mas ter a sabedoria de aguardar o tempo de cada um, rumo à evolução espiritual.

A fé raciocinada, já trazida à baila em tópicos anteriores desta obra, nos pede ação, pois é fé que demanda a nossa participação e a assunção das responsabilidades que nos cabe. Ultrapassamos a fase do Deus que permanece em seu trono proferindo julgamentos e redenções, e adentramos no conhecimento de um Pai que dá a seus filhos quantas oportunidades forem necessárias ao seu aprendizado completo. E se Ele nos dá oportunidades aos montes, as escolhas seguem sendo nossas. O livre-arbítrio jamais nos abandona.

O ansioso não é uma pessoa sem Deus e sem fé como costumam dizer por aí, mas é alguém que ainda precisa aprender a confiar mais em si mesmo e extirpar o medo de agir que se torna incapacitante. Aqueles que estudam o Espiritismo de forma séria e disciplinada, como nos orienta Kardec, já sabem que não há receitas prontas que dão todas as respostas, por isso, aqui, a abordagem é com relação ao cerne de uma questão conhecida, e não uma visão que pretensamente se aplica a todos os casos. Espiritismo não é ciência exata, mas sim ciência que nos incita a pensar.

O desenvolvimento de habilidades pessoais passa pela reforma íntima que se repete em quase todos os temas espíritas que conhecemos e isso ocorre justamente porque precisamos tomar as rédeas de nossas vidas e seguir em frente, olhando para o objetivo supremo de evoluirmos espiritualmente.

A ansiedade é patologia física que deve ser tratada aos olhos da ciência material que, hoje, nos fornece uma enorme gama de tratamentos capazes de amenizar as dores de uma situação que só quem passa consegue entender o quão angustiante é. Que fique claro, inclusive! Quando se aborda um tema de saúde sob a ótica Espírita trata-se de um novo olhar, um bônus para continuar perseguindo a cura, mas, o Espiritismo, sozinho, não tem esse poder e só pode ser benéfico se vivido concomitantemente à Medicina, à Psicologia e/ou Psiquiatria.

Ansiosos – aos quais me incluo – busquem ajuda médica! Esse é um primeiro passo, inclusive, pois há quase uma unanimidade em demorar a assumir verdadeiramente que se trata de uma doença que precisa de tratamento. E precisa mesmo, e o tratamento médico ajuda muito! Sofremos com o preconceito ainda enraizado na sociedade, mas, se formos bastante realistas, perceberemos que nós também somos preconceituosos com a gente mesmo.

Não nascemos e não fomos criados para viver ansiosos! Emmanuel, na obra *Pão Nosso*, pela psicografia do saudoso Chico Xavier, nos diz: "se o homem nascesse para andar ansioso, seria dizer que veio ao mundo, não na categoria de trabalhador em tarefa santificante, mas por desespero sem remissão"[37].

Deus não nos coloca na Terra em caminhada de desespero sem remissão! Sair desse caminho depende de nós e, por isso, mãos à obra!

Se o futuro é desenhado no agora, façamos escolhas inteligentes (pois já temos essa condição). Cuidemos das sementes que escolhemos, plantemos aquelas que sabemos que irão germinar em flor, e não só espinhos. Vivamos de forma a ter a calma de saber que o amanhã sorrirá para nós como hoje sorrimos durante seu cultivo.

Ah, mas nem tudo depende da gente! Sim, não depende mesmo. É aí que entra a resignação, e quem afirma isso é *O Livro dos Espíritos*:

> 924. Há males que independem da maneira de proceder do homem e que atingem mesmo os mais justos. Nenhum

---

37 EMMANUEL. *Pão Nosso*. Psicografia de Francisco Cândido Xavier. Editora FEB, Rio de Janeiro/RJ, 1999, cap. 8.

> meio terá ele de os evitar?
>
> Deve resignar-se e sofrê-los sem murmurar, se quer progredir. Sempre, porém, lhe é dado haurir consolação na própria consciência, que lhe proporciona a esperança de melhor futuro, se fizer o que é preciso para obtê-lo[38].

O que depende de nós deve ser feito por nós e perseguido todos os dias. O que não depende da gente deve contar com a nossa compreensão e entendimento de que são sementes de outras pessoas que não devem ser carregadas por nós! Ah, sim, reforma íntima também! Lapidação das nossas más tendências ainda presentes, correção de características de nossas personalidades que ainda precisam ser aprendidas. E ajuda médica, importante reiterar!

---

38 KARDEC, Allan. *O Livro dos Espíritos*, tradução de Guillon Ribeiro. Campos dos Goytacazes/RJ. Editora Letra Espírita. 2022, p. 334.

E, por fim, aos que não vivem com essa triste companheira de caminhada, empatia. Minimizar os sofrimentos alheios só porque eles não doem em si mesmo é muito cruel e deve ser um dos pontos da sua reforma íntima, pois a caridade também está em compreender que cada um sabe a dor e a felicidade de ser quem é, respeitando essas diferenças e agindo com amor ao próximo, estendendo a mão mesmo que não se compreenda efetivamente o que o outro passa.

Não adianta espalhar pela internet postagens de conscientização apenas no 'setembro amarelo', porque as patologias abrangidas intrinsecamente pela campanha não ocorrem só neste mês. É preciso vivenciar essas informações todos os dias, porque a dor não escolhe mês para doer. Cuide também das suas sementes!

4

A vida não segue cronogramas

Não é "privilégio" da vida moderna que as situações que nos circundam afetem de forma direta a nossa saúde emocional, a diferença hoje é que isso é discutido e deve ser cada vez mais um assunto comum. Muitos ainda utilizam a falácia de que "na minha época não era assim", que "essas novas gerações são fracas", mas a realidade é que a necessidade de ter atenção com a saúde emocional existe desde sempre, só não recebia a devida importância.

As gerações atuais não são fracas, mas há uma gritante diferença entre o passado e o presente e ela consiste, principalmente, no amplo e massivo acesso à informação disponível, o que antes era bem mais difícil. Em suma, hoje conhece-se e fala-se sobre o que antes ficava na penumbra. Isso exime em partes os que se referem às vivências atuais da forma descrita anteriormente, mas há que se atentar na busca pelo esclarecimento e no respeito com aqueles que sentem na pele as mazelas emocionais.

O próprio excesso de informação causa esse tipo de situação, justamente pelo fato de acabar nos sobrecarregando por termos dificuldade em limitar a nossa exposição. Entretanto, especificamente nesta parte da obra, falaremos sobre a pressão que essas novas gerações recebem.

Vamos a alguns exemplos práticos. A geração dos nossos pais, com 20 anos de idade, mais ou menos, já era casada, tinha filhos, um trabalho, às vezes, uma casa, enfim, uma vida relativamente estabilizada. A geração atual, aos 20 anos, nem terminou de estudar, ou, se terminou, está em início de carreira, e muitos não têm estabilidade alguma, não são casados nem têm filhos. São realidades diametralmente opostas.

E é exatamente esse o ponto trazido para essa reflexão, pois essa oposição é argumento para diminuir, corrigir ou criticar a vida dos mais jovens. Desde sempre, o senso comum fez parecer que a vida de todos deve seguir um cronograma:

1. Nasce-se.

2. Vive-se a infância.

3. Estuda-se.

4. Escolhe-se uma profissão.

5. Namora-se.

6. Casa-se.

7. Tem filhos.

8. Morre.

Este é o cronograma cobrado de todos e que, visivelmente, segue uma linha reta da qual, em tese, não se pode fugir. Mas há muitas curvas nesse caminho!

As pessoas podem escolher uma profissão, descobrirem que não se identificam e partirem para outra; podem namorar e não quererem se casar; podem se casar e não quererem ter filhos; e têm os que seguem a lista à risca! Mas, cada um é cada um, o que nem sempre é compreendido pelos demais.

Há sempre uma cobrança. Se você não é bem--sucedido, te cobram por isso sem levar em conta que, talvez, a ascensão profissional não seja o seu total foco. Se é estável financeiramente, precisa encontrar alguém para dividir a vida. Se é estável e tem alguém, precisa se casar! Casou? Quando terá filhos? É sufocante!

Quando olhamos esse pretenso cronograma do ponto de vista espiritual, temos de levar em conta que cada um de nós é único, um Espírito individual que carrega as suas próprias bagagens de vivências que jamais serão iguais às de outros

Espíritos. Partindo disso, é simples compreender que a reencarnação atenderá a esses critérios individuais que, por si só, já refutam qualquer roteiro que se possa estabelecer como regra de vida que atinja a coletividade.

Todos, enquanto na erraticidade, passamos por um planejamento reencarnatório absolutamente baseado no que fomos, em quem somos, no que fizemos, no que aprendemos e no que ainda temos a fazer e aprender. Como todos trilharão os mesmos caminhos quando encarnados, se cada um possui uma demanda diferente?

Assim, Kardec nos explica em nota à questão 399 de *O Livro dos Espíritos*:

> Chegado ao termo que a Providência lhe assinou à vida na erraticidade, o próprio Espírito escolhe as provas a que deseja submeter-se para apressar o seu adiantamento, isto é, escolhe os meios de adiantar-se e tais provas estão sempre

em relação com as faltas que lhe cumpre expiar. Se delas triunfa, eleva-se; se sucumbe, tem que recomeçar[39].

Alguns, por certo, precisarão passar por todas as tais etapas que a sociedade julga como sendo as de uma vida bem-sucedida, mas há muitos que não demandam esses caminhos para a evolução e para cumprir com o atual planejamento que veio seguir. Assim, repete-se, o cronograma da vida é individual!

E vamos além! Trazemos conosco o planejamento acordado, mas nem todos seguiremos em sua completude. Quando estamos conscientemente abertos para a totalidade do que somos enquanto Espíritos, estabelecemos uma vida ideal que abrange muitas coisas que ainda precisamos atravessar, mas, isto, é lá do outro lado da vida. Quando a carne nos encarcera e nos encon-

---

39 KARDEC, Allan. *O Livro dos Espíritos*, tradução de Guillon Ribeiro. Campos dos Goytacazes/RJ. Editora Letra Espírita. 2022, p. 174.

tramos mergulhados na grosseira e difícil materialidade, tudo muda de figura.

Muito além do véu do esquecimento (que não serve de escusa, pois nossos instintos e intuições nos fornecem pistas de onde caminhar), temos o livre-arbítrio que comumente tende a pender para os prazeres materiais em detrimento do que nos eleva espiritualmente. Mais uma vez, socorre-nos *O Livro dos Espíritos,* com Kardec em nota à mesma questão anteriormente referenciada:

> O Espírito goza sempre do livre-arbítrio. Em virtude dessa liberdade é que escolhe, quando desencarnado, as provas da vida corporal e que, quando encarnado, decide fazer ou não uma coisa e procede à escolha entre o bem e o mal. Negar ao homem o livre-arbítrio, fora reduzi-lo à condição de máquina[40].

---

40 KARDEC, Allan. *O Livro dos Espíritos*, tradução de Guillon Ribeiro. Campos dos Goytacazes/RJ. Editora Letra Espírita. 2022, p. 174.

O resumo, portanto, é de que todos somos livres para escolher e essa liberdade deve ser respeitada por todas as pessoas que nos circundam de alguma forma. Seja porque um planejamento reencarnatório não prevê para alguém o que o outro acha certo, seja porque esse alguém optou por tomar um caminho diferente, não importa, pois cada qual tem o seu tempo de despertar, de aprender e de crescer.

E, mais uma vez, trazendo essa pressão para a senda espírita, lembre-se de que é caridade imaterial deixar de fazer julgamentos que exponham as pessoas a essa situação e que debilitam sua saúde emocional de alguma forma.

O que é melhor para um, não o é para o outro, porque ninguém calça os mesmos sapatos para viver a vida.

Mulheres não são melhores por serem mães, nem piores por decidirem não ser.

Pessoas não precisam de um casamento para serem felizes.

Alguém pode optar por trabalhar apenas para as necessidades comuns e escolher ter mais qualidade de vida, ao invés de passar mais de doze horas trabalhando.

Há os que escolhem viver para o trabalho!

Pode-se escolher investir na carreira e não querer ter nenhum relacionamento afetivo ao longo desse caminho.

Se alguém teve um filho, não precisa ter outro só porque dizem que "quem tem um só, não tem nenhum".

Essas são algumas das afirmações repetidas por muitas pessoas e que têm o enorme poder de minar autoconfiança, autoestima, tornar alguém irritadiço, descrente, solitário, deprimido, ansioso, com insônia, enfim, uma infinidade de sintomas físicos que surgem em decorrência dessa pressão que as pessoas julgam ter o direito de exercer sobre os outros.

Viva a sua vida colhendo dela os frutos de seus êxitos, e também arcando com as responsabilidades dos seus equívocos, e deixe que o outro faça o mesmo. O que me serve, não te serve, e vice-versa!

Lembrem-se de que Jesus nos alertou para que façamos ao outro apenas o que gostaríamos que fizessem conosco. Você gostaria de ser pressionado? Então, não pressione!

5

“Mimimi” é a dor que não dói na gente

• • • • • • •

“Mimimi” é uma expressão muito utilizada nos dias de hoje e que causa repulsa numa boa parcela das pessoas que a escutam. Sempre que ela é utilizada tem como objetivo diminuir o sofrimento de outra pessoa, mas serve apenas ao outro, porque é designada à dor que não dói em nós mesmos.

É importante a reflexão de que cada um atribui ao seu problema uma dimensão diferente. Para uma pessoa, um pingo pode ser um tsunâmi, enquanto outro vivenciando a mesma situação, pode lidar com o pingo como um pingo e nada mais. Cada um sabe de si, cada um conhece as suas fragilidades e dá ao seu problema o tamanho que lhe atinge a alma.

Mas por que isso ocorre? Porque somos pessoas cuja bagagem é distinta. O problema que, por ventura, nos atinja pode não ser nada, enquanto pode despertar gatilhos de situações pretéritas que tornem o seu peso ainda maior. Todos conhecemos o ditado que diz que 'cada um sabe a dor e a delícia de ser quem é'. É sobre isso!

Entretanto, aqueles que nos rodeiam, por vezes, agem de forma a diminuir a dor que sentimos, proferindo julgamentos de que estamos maximizando algo que nem é assim tão preocupante e dizendo que somos "mimizentos".

Nem é preciso uma argumentação profunda para concluir que se trata de atitude absolutamente contrária à caridade. Precisamos internalizar que a caridade não é só material, mas, também moral, compreendendo que nossas palavras têm imenso poder e podem atingir outra pessoa como uma flecha desgovernada. Quando dizemos coisas sem usar a balança do bom senso, corremos o risco de ferir alguém mesmo que essa não seja a real intenção.

> É que toda palavra ofensiva exprime um sentimento contrário à lei de amor e caridade, que deve regular as relações dos homens e manter entre eles a concórdia e a união. Toda palavra ofensiva é um golpe contra a benevolência recíproca e a fraternidade. Ela entretém o ódio e a animosidade. Enfim, depois da humildade perante Deus, a caridade em relação ao próximo é a primeira lei de todo cristão[41].

Claro, é compreensível que, por vezes, o intuito seja de ajudar a pessoa a enxergar que pode haver um exagero diante de determinadas situações, mas não cabe a nós este julgamento porque, como dito, cada um sabe de si e a gente desconhece esse universo que um ser humano é!

---

41 KARDEC, Allan. *O Evangelho Segundo o Espiritismo,* tradução de Matheus R. Camargo. Capivari/SP. Editora EME. 2019, p. 103.

Pois é, quando (mesmo que imbuídos de boas intenções) atuamos de forma a diminuir a dor do próximo, estamos julgando e isso é inadmissível atualmente, mormente pelo fato de que temos grande acesso às informações que nos lecionam como nossas atitudes podem influenciar na saúde mental e emocional das pessoas.

É de uma grande perversidade encontrar alguém que está absolutamente fragilizado, confuso e em sofrimento, e diminuir os seus sentimentos de forma a oferecer uma solução prática que só é plausível para quem enxerga a situação do lado de fora. Basta uma reflexão sincera para que compreendamos a realidade de tal colocação.

Quantos problemas você já enfrentou na vida? É verdade que alguns deles te desestabilizaram e dificultaram a visão de uma solução, certo? Quantas noites de sono perdeu diante de fatos que te causaram dor?

Todos nós já sentimos na pele essas situações, mas atuamos de forma a minimizar quando isso ocorre com alguém próximo de nós.

Óbvio que problemas são solucionados com o tempo, pois, desses tantos citados na reflexão anterior, a maioria não nos acompanha nesse momento, mas já foram para nós os tsunâmis que hoje apontamos nas vivências alheias.

E indo além dos problemas que ocorrem na vida de todos, intercorrências dos caminhos que trilhamos, há situações que são absolutamente desconhecidas por outras, mas, que, ainda assim, sofrem com a minimização de quem desconhece na pele o que dói no outro. Vamos a alguns exemplos que facilitam o entendimento.

Se você é branco, desconhece absolutamente a dor, o medo e o preconceito que estão presentes na vida de uma pessoa preta.

Se você é heterossexual, jamais poderá conhecer de forma incisiva o sofrimento que acomete pessoas da comunidade LGBTQIAPN+.

Se você é homem, não sabe mensurar o medo diário que as mulheres vivenciam pelas mais variadas escabrosidades.

Se você não é uma pessoa com deficiência,, não sabe quais são as dificuldades e os preconceitos vividos pelas pessoas com deficiência.

Essas são ocorrências veiculadas de forma massiva – e necessária – na atualidade, e que são alvos dessa minimização por parte de outras parcelas da sociedade. Há quem diga que essas pessoas querem ter privilégios! Não, nenhuma dessas comunidades querem privilégios, o que querem é amparo legal, respeito e a real consideração de suas necessidades individuais.

Pela internet afora é comum encontrar desdobramentos da frase de efeito que diz que 'somos todos iguais'! Sinto muito em dizer, mas não somos todos iguais. Vivenciamos necessidades e realidades diferentes.

O artigo 5º da Constituição Federal do Brasil consagra o princípio da igualdade, que estabelece que "todos são iguais perante a lei, sem distinção de qualquer natureza, garantindo-se aos brasileiros e aos estrangeiros residentes no País a inviolabilidade do direito à vida, à liberdade, à igualdade, à segurança e à propriedade [...]"[42].

Entretanto, há continuações, desdobramentos desse princípio que os juízes togados formados pela internet desconhecem! Sim, porque, hoje em dia, todos são formados em especialidades diferentes e absolutamente ignoram o conhecimento técnico dos que efetivamente adentram nas profundidades das diversas ciências humanas.

O que significa igualdade, isonomia? Significa

---

42 *Constituição da República Federativa do Brasil* de 1988.

que cada qual terá os mesmos direitos sim, mas estes serão garantidos de acordo com as suas necessidades. "Dar tratamento isonômico às partes significa tratar igualmente os iguais e desigualmente os desiguais, na exata medida de suas desigualdades.[43]"

Cada um de nós possui as suas desigualdades, e não cabe a qualquer pessoa que seja julgar e muito menos minimizar essas realidades, principalmente levantando a falácia de que essas pessoas buscam privilégios.

Como nos exemplos citados anteriormente, essas comunidades necessitam de um maior amparo da legislação humana, justamente por sofrerem com intercorrências (e crimes) que não atingem outras parcelas da sociedade. Pessoas pretas são estigmatizadas, sofrem preconceito e isso os torna vulneráveis (e, pelo amor de Deus,

43 NERY JÚNIOR, Nélson. *Princípios do processo civil à luz da Constituição Federal.* São Paulo: Revista dos Tribunais, 1999, p. 42.

não existe racismo inverso). As pessoas da comunidade LGBTQIAPN+ são alvo de preconceito e violência e isso mata. As mulheres entram diariamente nas estatísticas pelas mais diversas violências, vivem com medo ou morrem porque são mulheres! Pessoas com deficiência sofrem com estigmas e lutam diariamente para a verdadeira inclusão na sociedade. Esses são exemplos de parcelas da sociedade que precisam de amparo específico porque vivenciam situações específicas.

Isso não é privilégio! Isso é garantir direitos individuais a todos na medida de sua desigualdade. Não é "mimimi".

Somos iguais, meus irmãos, apenas aos olhos de Deus, este que nos enxerga com amor supremo, indiscutível justiça e bondade! Aqui na materialidade, diante dos imperfeitos olhos humanos, não, não somos iguais!

Portanto, o primeiro exercício a ser feito por

cada um de nós é o de não julgar, não apontar o dedo, nem agir como se conhecesse as melhores soluções para realidades que não são nossas! Segundo, é respeitar, no mínimo, e, por fim, agir como Jesus nos ensinou.

> "Amar o próximo como a si mesmo; fazer aos outros o que nós queríamos que os outros nos fizessem" é a expressão mais completa da caridade, pois resume todos os deveres para com o próximo. A esse respeito, não pode haver guia mais seguro que tomar o que se deseja para si mesmo como medida do que se deve fazer aos outros. Com que direito se exigirá de seus semelhantes melhores procedimentos, indulgência, benevolência e devotamento, se, por sua vez, não se agir assim para com eles? A prática dessas máximas leva à destruição do egoísmo. Quando os homens as tomarem como regra de sua conduta e como base de

> suas instituições, compreenderão a verdadeira fraternidade, e farão reinar entre si a paz e a justiça. Não mais haverá ódios nem dissensões, mas união, concórdia e benevolência mútua[44].

Concluindo, que todos nós façamos as análises de consciência necessárias para enxergar se somos os que chamam os demais de "mimizentos" ou se agimos com a caridade que pregamos. A luz que nós queremos ver brilhar no mundo não nascerá do exterior, mas será propagada com o seu acendimento dentro de nós mesmos!

---

44 KARDEC, Allan. *O Evangelho Segundo o Espiritismo*, tradução de Matheus R. Camargo. Capivari/SP. Editora EME. 2019, p. 1 117.

3ª parte:

Amores, relacionamentos e sexo

1

Dependência emocional e seus perigos

Somos seres criados para a vida em sociedade e dessa necessidade indissolúvel de quem somos nascem as diversas vertentes de relacionamentos nos quais nos inserimos ao longo de nossa história. Há a família, há os amigos e há os relacionamentos afetivos de cunho romântico.

Inegável se torna dizer que faz muito bem a nós viver algo recíproco, amar e ser amado em todas as nuances desse sentimento, "pois os efeitos do amor são o aperfeiçoamento moral da raça humana e a felicidade durante a vida terrestre"[45].

---

45 KARDEC, Allan. *O Evangelho Segundo o Espiritismo,* tradução de Matheus R. Camargo. Capivari/SP. Editora EME. 2019, p. 120.

Mas, como tudo na vida, até no amor é preciso ter equilíbrio.

Depender emocionalmente de alguém é agarrar-se a essa pessoa de forma a dar a ela o cargo de tábua de salvação, é um apego excessivo e isso é deveras perigoso porque traz intrínseca a possibilidade de nos machucarmos.

Falando sobre a família, sabemos que este é o ambiente principal no qual residem Espíritos já conhecidos de outras encarnações que, hoje, novamente ao nosso lado, podem configurar-se como simpatia indiscutível ou antipatia irremediável. Sim, há os que nos acompanham para dar leveza às novas experiências e há aqueles com quem precisamos sanar débitos pretéritos que os laços de familiaridade podem tornar mais fáceis de serem ultrapassados.

Especificamente, aqueles com quem simpatizamos podem tornar-se alvo dessa nossa dependência emocional. Não damos um passo sem consultá-los, nos aconchegamos em seu carinho de forma a nos proteger do mundo e suas mazelas.

Com amigos podem ocorrer as mesmas vivências, pois simpatizando-nos de forma excessiva, nos debruçamos nessa amizade de forma a nem conhecer outras pessoas e bastando-nos aquela que se torna responsável pela nossa alegria.

E existem os relacionamentos afetivos, pessoas que encontramos pela vida e com quem decidimos passar nossos dias. Seja um namoro, seja um casamento, quando este se inicia o conceito de 'para sempre' está presente, porque ninguém se junta almejando separar-se. Podemos nos tornar também dependentes desses nossos parceiros ou parceiras.

Quando quaisquer dessas situações ocorrem, estamos depositando no outro a concretização de nossa felicidade e esse é um passo perfeito para a abertura de feridas dolorosas que podem acabar sendo expostas.

Não existe alma gêmea, não existe nossa 'metade da laranja', não existe quem nos torne inteiros, pois tudo isso traz a ideia de que somos incompletos, o que é uma inverdade.

> A teorias das metades eternas encerra uma simples figura, representativa da união de dois Espíritos simpáticos. Trata-se de uma expressão usada até na linguagem vulgar e que não se deve tomar ao pé da letra. [...]. Não se deve, pois, aceitar a ideia de que, criados um para o outro, dois Espíritos tenham, fatalmente, que se reunir um dia na eternidade, depois de haverem estado separados por tempo mais ou menos longo[46].

O que existem são almas afins, pessoas com as

---

46 KARDEC, Allan. *O Livro dos Espíritos*, tradução de Guillon Ribeiro. Campos dos Goytacazes/RJ. Editora Letra Espírita. 2022, p. 150.

quais simpatizamos e cujo amor cresceu ao longo do tempo e das tantas vidas que já atravessamos. E essas almas afins podem estar na família, entre amigos e até num relacionamento amoroso, mas não apenas nele.

Quando olhamos essas pessoas e depositamos sobre elas a segurança que precisamos para caminhar, dando a elas o poder de nos fazer felizes ou infelizes, estamos agindo contra nós mesmos, porque as pessoas não têm obrigação de atender às nossas expectativas, e isso não significa que elas sejam más.

Amar a nós mesmos significa que cultivamos dentro de nós o sentimento por excelência que também deve ser direcionado aos que nos circundam, mas, quando esse amor é só pelo próximo e não por nós mesmos, não estamos oferecendo algo saudável, haja vista que não se dá aquilo que não se possui.

O amor que se transforma nessa dependência é tóxico, pois traz imenso peso a outra pessoa que se vê sempre na obrigação de fazer o que dela se espera, mesmo contra a sua vontade.

Nem é preciso explicar que se fosse o contrário, não gostaríamos que fizessem isso com a gente. Mas pode acontecer também de outra pessoa familiar, amiga ou companheira depositar sobre nós a carga de sua felicidade, o que automaticamente nos causa repulsa porque sim, cansa e desgasta demais!

Novamente, adentramos nas sendas da autorresponsabilidade.

A única pessoa capaz de nos fazer feliz é a gente. Só nós podemos auxiliar a nós mesmos nos êxitos e na solução de problemas. Só nós podemos fazer com que nos sintamos completos. E isso não é triste, isso é lindo, é mecanismo de justiça divina.

Imaginem depender 100% de alguém para

qualquer coisa na vida! É inquietante porque é melhor que nós tenhamos esse poder, e assim o é naquilo que em nós é intangível, que diz respeito aos nossos sentimentos íntimos.

É preferível que nós tenhamos o poder de desenhar a alegria que nos cerca a ter de esperar que outra pessoa faça isso. Então, por que depositar tamanha atribuição em um terceiro?

Por certo que caminhar pela vida e por todas as provas é muito mais leve quando sabemos ter pessoas ao lado que nos apoiam, orientam, amam, mas isso deve ser algo que se soma ao que fazemos por nós mesmos, ter o ombro amigo que nos conforta nas dificuldades, que se alegra conosco diante dos êxitos, mas é ter para onde ir, e não estar num lugar fixo.

O que enfrentamos na materialidade é inerente à bagagem de necessidades individuais do Espírito imortal que somos. Não há como outra pessoa passar por nós por aquilo que é só nosso!

Se nos deitamos no conforto de outra pessoa que age em nosso nome, por certo estamos vivenciando uma encarnação que culminará na estagnação absoluta, na perda de tempo. É nossa responsabilidade remar pelas águas da vida buscando a nossa evolução espiritual e, se alguém nos ajuda, às vezes, ótimo! Mas não sempre, nem só ela.

> Do ponto de vista terreno, a máxima buscai e achareis é análoga a esta: Ajuda-te e o céu te ajudará. É o princípio da lei do trabalho, e, consequentemente, da lei do progresso – afinal, o progresso é filho do trabalho –, pois o trabalho põe em ação as forças da inteligência[47].

E, nesse sentido, trabalho não é só o que nos proporciona o necessário para atravessar a vida material, mas o que fazemos por nós mesmos e

---

47 KARDEC, Allan. *O Evangelho Segundo o Espiritismo,* tradução de Matheus R. Camargo. Capivari/SP. Editora EME. 2019, p. 234.

pelos nossos anseios íntimos, não só bens, mas principalmente das riquezas espirituais que nos ascendem na escala evolutiva e que nos proporcionam o depuramento moral das nossas imperfeições.

Se deixarmos ao outro a possibilidade de definir quem somos e o que iremos viver e sentir, abre-se a porta de palpável mágoa que nascerá pela frustração de ver que o outro não fez o que esperávamos dele. E aí, caminhamos pelo tempo com a mágoa corroendo nossa alma, revivendo sempre o que julgamos ser ingratidão e isso nos torna amargos e ainda mais incapazes de caminhar por nossos pés.

E a mágoa, nesse caso, foi por 'culpa' do outro?

Não, foi por 'culpa' da gente que esperou dele o que ele não tinha obrigação de fazer.

A responsabilidade afetiva que é tão discutida hoje em dia, não significa que devamos ser recíprocos nas nossas relações, mas sim que devemos ser transparentes. O outro deve nos deixar claro que não é capaz de fazer o que esperamos, e nós também temos o dever e o direito de não ultrapassar os nossos limites.

Se a gente vai além do que suporta ou, de alguma forma, espera que o outro faça isso por nós, estamos deixando de progredir e abrindo a porta para sentimentos ruins que tornam as trilhas encarnatórias ainda mais pesadas e densas.

Deposite apenas em si mesmo a fé transcendente de que pode e vai ultrapassar todas as dificuldades e imperfeições do caminho e de si mesmo. Se alguém caminha ao seu lado de mãos dadas, que bom! Mas se esse alguém soltar sua mão em algum ponto da estrada, que você saiba e seja capaz de continuar andando sozinho.

É por você!

2

Diversidade humana e comunidade lgbtqiapn+

Estão lembrados que há pouco falamos que não, nós não somos todos iguais? Pois é, aqui, mais uma vez, abordaremos essa temática, mais especificamente sobre a comunidade LGBTQIAPN+.

O movimento LGBTQIAPN+ é de cunho político e social e busca defender a diversidade e maior representatividade e direitos para essa comunidade[48]. É de suma importância, inicialmente, compreender quais são os significados de

---

48 FUNDO BRASIL. *Significado da sigla LGBTQIAPN+*. Disponível em: https://www.fundobrasil.org.br/blog/o-que-significa-a-sigla-lgbtqia/#:~:text=%C3%89%20composta%20por%3A%20LGBTQQICAAPF2K%2B%20(L%C3%A9sbicas,2%2Desp%C3%ADritos%20e%20Kink. Acesso em: 25 jul. 2022.

cada letra constante da sigla, de acordo com o Manual de Comunicação LGBTQIAPN+.

L = Lésbicas: são mulheres que sentem atração afetiva/sexual pelo mesmo gênero, ou seja, outras mulheres.

G = Gays: são homens que sentem atração afetiva/sexual pelo mesmo gênero, ou seja, outros homens.

B = Bissexuais: diz respeito aos homens e mulheres que sentem atração afetiva/sexual pelos gêneros masculino e feminino. Ainda segundo o manifesto, a bissexualidade não tem relação direta com poligamia, promiscuidade, infidelidade ou comportamento sexual inseguro. Esses comportamentos podem ser tidos por quaisquer pessoas, de quaisquer orientações sexuais.

T = Transgênero: diferentemente das

letras anteriores, o T não se refere a uma orientação sexual, mas a identidade de gênero. Também chamadas de "pessoas trans", elas podem ser transgênero (homem ou mulher), travesti (identidade feminina) ou pessoa não-binária, que se compreende além da divisão "homem e mulher".

Q = Queer: pessoas com o gênero "Queer" são aquelas que transitam entre as noções de gênero, como é o caso das *drag queens*. A teoria defende que a orientação sexual e identidade de gênero não são resultado da funcionalidade biológica, mas de uma construção social.

I = Intersexo: a pessoa intersexo está entre o feminino e o masculino. As suas combinações biológicas e desenvolvimento corporal – cromossomos, genitais, hormônios etc. – não se enquadram na norma binária (masculino e feminino).

A = Assexual: assexuais não sentem atração por outras pessoas, independente do gênero. Existem diferentes níveis de assexualidade e é comum essas pessoas não verem as relações sexuais humanas como prioridade.

+ = o símbolo de "mais" no final da sigla aparece para incluir outras identidades de gênero e orientações sexuais que não se encaixam no padrão cis-heteronormativo, mas que não aparecem em destaque antes do símbolo[49].

Há ainda que se mencionar o significado das letras P e N: Pan ou poli são os que sentem atração por todos os gêneros, e Poli são os que se sentem

---

49 FUNDO BRASIL. *Significado da sigla LGBTQIAPN+*. Disponível em: https://www.fundobrasil.org.br/blog/o-que--significa-a-sigla gbtqia/#:~:text=%C3%89%20composta%20por%3A%20LGBTQQICAAPF2K%2B%20(L%C3%A9sbicas,2%2Desp%C3%ADritos%20e%20Kink. Acesso em: 25 jul. 2022.

atraídos por muitos gêneros. As Não-binárias são "pessoas que não são somente, completamente e sempre homens ou somente, completamente e sempre mulheres. Engloba pessoas sem gênero, com vários gêneros, com gêneros separados de homem e mulher, com gêneros parecidos com homem ou mulher[50].

Como é possível perceber, somos plurais, ou seja, a humanidade é diversa e é importante que conheçamos essas questões justamente para não incorrermos em preconceitos que a disponibilidade de informações não mais permite criar como escusa. Ah, e antes de adentrarmos no Espiritismo, notem que, nas explicações anteriores, nunca se utilizou o termo "opção sexual", que é errado e pejorativo, sendo correto dizer "identidade" ou "orientação".

---

50 ORIENTANDO. *O que significa LGBTQIAPN+*. Disponível em: https://orientando.org/o-que=-significa-lgbtqiap/#:~:text-LGBTQIAPN%2B%20%C3%A9%20uma%20sigla%20que,-que%20consideram%20seus%20g%C3%AAneros%20parecidos. Acesso em: 5 set. 2022.

Pois bem, *O Livro dos Espíritos* vem nos ensinar que os Espíritos não têm sexo como nós entendemos o termo, pois sexo é algo inerente à constituição orgânica. Segue ainda esclarecendo que os Espíritos transitam entre homem e mulher aos longos das tantas encarnações que vive[51].

Então, seria possível explicar de forma cabal aos olhos do Espiritismo, por que alguns nascem se entendendo de acordo com o sexo biológico e outros não? Não, não é possível, justamente porque nem todas as verdades nos foram abertas ainda, mas já podemos compreender da explicação anterior que o sexo biológico é inerente à materialidade, e não ao Espírito.

Só que, cá entre nós, entender como, por quê, quando e para quê é algo que faz parte do ser humano e seus questionamentos de vida, mas não

---

51 KARDEC, Allan. *O Livro dos Espíritos*, tradução de Guillon Ribeiro. Campos dos Goytacazes/RJ. Editora Letra Espírita. 2022, p. 112.

tem importância real pelo simples fato de que é necessário que haja respeito com a diversidade, com as diferenças. A esse respeito, esclareceu-nos Chico Xavier em sua participação no Programa Pinga Fogo:

> O homossexualismo (sic), tanto quanto a bissexualidade ou bissexualismo (sic)[52], como a assexualidade são condições da alma humana. Não devem ser interpretados como fenômenos espantosos, como fenômenos atacáveis pelo ridículo da humanidade. Tanto quanto acontece com a maioria que desfruta de uma sexualidade dita normal, aqueles que são portadores de sentimentos de homossexualidade ou bissexualidade são dignos do nosso maior respeito

---

52 As palavras homossexualismo e bissexualismo são transcritas por terem sido ditas na época em que eram utilizadas, mas, hoje, esses termos não são mais aceitos e utilizados, sendo o correto homossexualidade e bissexualidade.

> e acreditamos que o comportamento sexual da humanidade sofrerá, no futuro, revisões muito grandes, porque nós vamos catalogar do ponto de vista da Ciência todos aqueles que podem cooperar na procriação e todos aqueles que estão numa condição de esterilidade. A criatura humana não é só chamada à fecundidade física, mas também à fecundidade espiritual, transmitindo aos nossos filhos os valores do Espírito de que sejamos portadores[53].

Infelizmente, o Brasil ocupa o absurdo e triste posto de primeiro colocado no número de mortes de pessoas da comunidade LGBTQIAPN+. Por quê? Puro preconceito e intolerância. Quando estamos falando sobre essa comunidade estamos falando de amor, de afeto, de carinho entre

53 Transcrição do programa televisivo Pinga Fogo, de 28 de julho de 1971. Disponível em: https://www.youtube.com/watch?v=8JD3wmC2ABU&t=33s. Acesso em: 26 jul. 2022.

pessoas. Por que isso seria errado a ponto de embasar tanta violência, medo e preconceito?

Eu trago uma provocação: Com quem Jesus andava na época em que caminhou pela Terra? Jesus andava com os pobres, os estigmatizados, os ignorados pela sociedade, os doentes... Com quem será que Ele andaria nos dias atuais se, por acaso, voltasse ao nosso Plano?

É fácil tirar conclusões quando se lê em Mateus (7, 21-23) quando Jesus responde: "Nunca conheci vocês. Afastem-se de mim, vocês que praticam a maldade".

O que é a intolerância, então? A mais pura e obsoleta maldade da qual Jesus nunca fez parte nem queria ter por perto.

Agir com preconceito, maldade, proferir julgamentos, desprezar pessoas e agredi-las da forma que bem entender vai contra tudo o que Jesus veio exemplificar quando encarnado, tudo o que, até os dias de hoje, mais de dois mil anos depois, a gente ainda engatinha para colocar em prática.

O amor resume inteiramente a doutrina de Jesus, pois é o sentimento por excelência, e os sentimentos são os instintos elevados à altura do progresso realizado. Em seu ponto de partida, o homem só tem instintos; mais avançado e corrompido, só tem sensações; instruído e purificado, tem sentimentos; e o amor é o requinte do sentimento. Não o amor no sentido vulgar da palavra, mas este sol interior que condensa e reúne em sua ardente fornalha todas as aspirações e todas as revelações sobre-humanas. A lei de amor substitui a personalidade pela fusão dos seres e anula as misérias sociais. Feliz aquele que, ultrapassando sua humanidade, ama com imenso amor a seus irmãos de sofrimentos! Feliz da-

> quele que ama, pois não conhece nem a angústia da alma, nem a miséria do corpo. Seus pés são leves, e vive como transportado, fora de si mesmo. Quando Jesus pronunciou esta palavra divina, amor, ela fez estremecer os povos, e os mártires, ébrios de esperança, desceram ao circo[54].

O amor é o que transforma a vida, o sentimento que nos fornece a base sólida de todos os outros bons sentimentos que somos capazes de sentir e que precisamos vivenciar a fim de que evoluamos. Toda essa irmandade que gostaríamos de ver imperar entre os homens nasce de atitudes individuais que se refletem no coletivo. Enquanto não compreendermos isso e, definitivamente, colocarmos em prática, seguiremos em meio ao caos e à selvageria que ainda assistimos

---

54 KARDEC, Allan. *O Evangelho Segundo o Espiritismo*, tradução de Matheus R. Camargo. Capivari/SP. Editora EME. 2019, p. 118.

ocorrer entre os homens.

A tendência humana de sempre se julgar o mais certo dentre os homens causa esse tipo de preconceito. Quem dentre nós pode erguer o braço e autoproclamar-se detentor da verdade absoluta? Nenhum de nós!

O que leva a pensar, então, que a vivência de uma sexualidade – que nem diz respeito ao 'público' – é errada? Qual embasamento religioso se utiliza para dizer que o próprio Deus julga isso errado?

Deus é amor, Deus é perfeito, Deus não julga, mas simplesmente nos ama e pede encarecidamente que nos amemos como irmãos que somos.

Não há argumento plausível para destilar ódio. Tudo o que se fizer nesse sentido vai contra todas as Leis que regem a nossa vida, as Leis que existem e atuam em nossas vidas de forma a nos guiar pelas sendas do amor, da caridade, da benevolência, da tolerância e do aprendizado. Tudo o que for atalho, fere a Lei de Deus.

Acredite! Os mecanismos de causa e efeito não estão rodando em busca das pessoas da comunidade LGBTQIAPN+ por serem dessa comunidade, mas já se movimentam de forma a encontrar aqueles que semeiam o mal esperando colher o bem. Não é castigo, não é ameaça, é a lei da vida.

Aquele que planta tempestade, colherá tempestade, e esses podem ser heterossexuais, homossexuais, brancos, pretos, pardos, ricos ou pobres. As Leis da vida não fazem escolhas, mas nos encontram sempre de acordo com as escolhas que nós houvermos feito!

E falando em lei, homofobia é crime!

Por isso, na impossibilidade de amar, respeite. É um dever cívico que poupará problemas jurídicos, espirituais e que, com o tempo, tornará as pessoas melhores. Amor é amor independente da forma com que ele se exteriorize. Ódio sempre será ódio, não importa sob qual bandeira ele se esconda.

3

Quando o amor vira posse: ciúme não é bonitinho

• • • • • • •

Há uma estranha tendência de romantização de sofrimentos. Ao longo do tempo, parece-se que foi criada uma realidade paralela na qual o amor, para ser amor, precisa doer de alguma forma. E mais, também há muitos que dizem que se o parceiro ou a parceira não tem ciúme, é porque não ama!

A verdade é que a liquidez do nosso tempo transformou o amor num jogo. Quando se gosta de alguém, o ideal é que finja não gostar para que outro se interesse ainda mais. E quando se está junto, o jogo segue em funcionamento, como uma queda de braço sem fim. Claro, nem todos agem dessa forma e, claro, amor não é isso.

E muito menos amor é posse. Quando se romantizam atitudes iminentemente perigosas estamos indo na contramão das tristes ocorrências que mostram que essas atitudes não têm nada de belas ou românticas.

Trata-se de um perigo imenso e basta que olhemos para a realidade que nos circunda para verificar a existência de tal afirmação. Mulheres morrem todos os dias vítimas daqueles que um dia figuraram na *persona* de um grande amor.

Peço licença para mencionar um trecho do trabalho científico que desenvolvi na ocasião de minha Graduação em Direito, justamente sobre esse tema, o qual demonstra o quanto vivemos dias sombrios:

> Hoje, não só a traição serve de embasamento para o cometimento de um crime passional. Mais do que comum é verificar as motivações deste delito justificadas no simples término de um rela-

cionamento, como se fosse uma obrigação manter-se ao lado de quem não mais se ama. O ciúme, aqui, encontra-se no pensamento de que "se não vai ser feliz ao meu lado, não será ao lado de mais ninguém"[55].

Infelizmente, temos medo até de encontrar uma pessoa para vivenciar o amor romântico, porque, na verdade, não conhecemos as pessoas além da superfície do que elas querem que conheçamos. Tudo pode caminhar e acabar bem, como pode acontecer o contrário, algo que assistimos todos os dias nos jornais.

Muitas mulheres não tiveram o direito de terminar um relacionamento e de seguir com a sua

---

55 CAMPOS, Rafaela Paes de. *Os crimes passionais na visão da Psiquiatria Forense e da Psicopatologia.* 2015, p. 4. Monografia apresentada para Centro Universitário Eurípides de Marília – UNIVEM. Disponível em: https://aberto.univem.edu.br/bitstream/handle/11077/1357/Os%20Crimes%20Passionais%20na%20Vis%c3%a3o%20da%20Psiquiatria%20Forense%20e%20da%20Psicopatologia.pdf?sequence=1&isAllowed=y. Acesso em: 25 jul. 2022.

vida, pois os ex-companheiros as mataram. Luiza Nagib Eluf, em livro intitulado *A paixão no banco dos réus*, brilhantemente, explica:

> O ciumento não se sente somente incapaz de manter o amor e domínio sobre a pessoa amada, de vencer ou afastar qualquer possível rival como, sobretudo, sente-se ferido ou humilhado em seu amor-próprio. O ciúme não é como se afirma apressadamente ou romanticamente sem fundamento científico – uma "prova de amor". O ciumento considera a pessoa amada mais como "objeto" que verdadeiramente como "pessoa" no exato significado desta palavra. Esta interpretação é característica do delinquente por ciúme[56].

O amor é manso, é calmo, traz paz, e tudo o

---

56 ELUF, Luiza Nagib. A paixão no banco dos réus: *Casos passionais célebres de Pontes Visgueiro a Pimenta Neves.* São Paulo: Saraiva. 2002, p. 160.

que adentra nas sendas das paixões humanas, em algum momento, adoece, apodrece e pode desencadear eventos danosos. Ninguém é propriedade de alguém. Ciúme envenena, faz enxergar realidades que não existem e leva a atitudes das quais se pode arrepender por mais tempo do que somos capazes de imaginar.

E quem nos afirma e explica essa realidade é *O Livro dos Espíritos*:

> 933. Assim, como, quase sempre, é o homem o causador de seus sofrimentos materiais, também o será de seus sofrimentos morais? Mais ainda, porque os sofrimentos materiais algumas vezes independem da vontade; mas o orgulho ferido, a ambição frustrada, a ansiedade da avareza, a inveja, o ciúme, todas as paixões, numa palavra, são torturas da alma.

A inveja e o ciúme! Felizes os que

> desconhecem estes dois vermes roedores. Para aquele que a inveja e o ciúme atacam, não há calma, nem repouso possíveis. À sua frente, como fantasmas que lhe não dão tréguas e o perseguem até durante o sono, se levantam os objetos de sua cobiça, do seu ódio, do seu despeito. O invejoso e o ciumento vivem ardendo em contínua febre. Será essa uma situação desejável e não compreendeis que, com as suas paixões, o homem cria para si mesmo suplícios voluntários, tornando-se-lhe a Terra verdadeiro inferno[57]?

Alimentar essas paixões traz intenso sofrimento ao seu portador, mas também ao alvo de seu desequilíbrio. O ciúme não deixa de ser uma patologia que deve ser tratada pela ciência material e com urgência.

---

57 KARDEC, Allan. *O Livro dos Espíritos*, tradução de Guillon Ribeiro. Campos dos Goytacazes/RJ. Editora Letra Espírita. 2022, p. 336-337.

Trazendo a fé raciocinada à baila, mais uma vez, é mais que necessário pensarmos com clareza e deixarmos de achar que algumas atitudes são banais, colocando na balança o peso que isso pode ter com o passar do tempo.

Paixões nos aproximam dos nossos instintos e nos tornam passíveis de erros homéricos. Ah, mas as pessoas mudam! Também acredito que sim, mas pelo raciocínio da fé e da vida, não é prudente pagar para ver.

Sabemos que há muitas linhas escondidas em realidades de relacionamentos tóxicos e, por isso, é preciso que se busque as autoridades competentes para que haja auxílio no livramento da situação.

O que quero transmitir ao invocar a fé raciocinada é que nunca se acredite na "regra geral" de que, se você está passando por uma situação difícil, você tem de suportar porque deve ter feito algo numa vida passada para merecer isso.

Espiritismo não é receita de bolo que vale para todos.

Não! Situações de iminente risco de vida são absurdamente diferentes dos problemas comuns que fazem parte de todo e qualquer relacionamento. Estamos falando de violência física, emocional, psicológica, sexual, patrimonial e de todas as outras possíveis.

O Espiritismo não te pede que fique suportando uma situação que te coloca em perigo, só pede que lute para sanar aquilo que é possível nesta vida.

Exercitando a fé que nos pede a Espiritualidade, saberemos distinguir as ocorrências. Quando nos deixamos ficar diante de algo que pode nos ferir, estamos abrindo mão de nosso amor-próprio e exercendo a fé cega que apenas crê, mas não age.

Agir é sair e buscar o amparo que seja necessário para a sua proteção. É compreender que você não está condenado a um relacionamento horrível porque deve merecer por algum motivo. É até agir com caridade com o outro ao evitar que ele faça algo pelo qual se arrependerá amargamente.

Em bom português: mandou você trocar de roupa, socou a porta quando estava nervoso, te proibiu de sair com outras pessoas, não permite que você fale com sua família, entre outras atitudes, tudo é sinal de alerta e é melhor que você corra da situação o quanto antes, porque ela costuma evoluir.

E tudo o que foi dito até aqui, vale também para relacionamentos familiares, de trabalho e entre amigos. Todos os relacionamentos podem ser tóxicos e todos desembocam num mesmo perigo.

Você está aqui encarnado para evoluir, ascender moral e espiritualmente, está aqui para ser feliz na medida da possibilidade que nos oferece a Terra e para enfrentar as provas e expiações que são necessárias para tudo isso, mas você não foi colocado aqui para sofrer.

Não há Espírito Superior no Universo que faça um planejamento reencarnatório no qual conste que alguém será agredido, será morto, enfim. A violência que se comete é livre-arbítrio, e você também o possui para se proteger e para se livrar daquilo que coloca a sua vida em risco!

Peça ajuda! Você não precisa passar por nada disso sozinho.

4

A necessidade esquecida de amar a si mesmo

É recorrente que nos relembremos sempre da orientação de Jesus para que amemos o próximo, só que muitos se esquecem do restante da máxima: "como a ti mesmo". Essa é a reflexão proposta neste momento da obra. Você se ama?

Temos a terrível tendência de sermos extremamente rígidos com nós mesmos. Somos capazes de passar por cima dos erros dos outros, mas não dos nossos, que são remoídos à exaustão num longo ciclo de cobranças que nos faz muito mal.

Em muitos trechos das estradas por onde caminhamos, a gente se abandona e os motivos são os mais variados possíveis, deixando de lado o autoamor e incorrendo no erro de acharmos que estamos sendo altruístas.

Pensemos de forma clara: se alguém nos pede uma rosa, e nós não temos uma rosa, não há a possibilidade de ofertá-la a quem a solicitou. Da mesma forma, se precisamos amar o outro, mas não temos esse amor, não será possível essa doação.

Muitos podem achar que não faz sentido, que amar o próximo em detrimento de si é ato de humildade e desprendimento, mas não é! Como eu amo alguém, se não consigo amar nem a mim mesmo?

Nós somos seres únicos, milenares, fortes, e a nossa única companhia indissolúvel. Há um sério problema quando essa companhia não é tolerada, e há muitos que não a toleram. Como se nota essa aversão? Na solidão! Há pessoas que ficam extremamente confortáveis nos momentos em que não há outras pessoas ao redor, permanecendo consigo e aproveitando o tempo para fazer o que gosta, mas há muitos que, em momentos como esse, buscam incessantemente algo ou alguém que permita a fuga dessa companhia íntima.

É que, na verdade, o silêncio de quem somos é um dos sons mais altos da natureza. É quando na quietude de nossa própria companhia, somos obrigados a ouvir o que o nosso interior tem a dizer e, quase sempre, ele está ferido.

Somos plenamente capazes de elogiar as pessoas que cruzam nossos caminhos, mas quando foi a última vez que você se encarou e se fez um elogio?

Quando o outro tem êxito em uma empreitada da vida, nós nos alegramos e comemoramos, mas, quando o êxito é nosso, rapidamente o esquecemos e até podemos nos julgar não merecedores.

Se alguém nos confidencia um erro cometido, automaticamente encontramos uma forma de minimizar a situação, justificando que todos cometem erros, mas quando nós erramos não há perdão.

Claro que precisamos ter senso crítico, porque isso faz parte do autoconhecimento que devemos perseguir a fim de nos tornarmos pessoas melhores, mas isso é bem diferente de um massacrar quem somos. E, vou além, quando nos olhamos com amor, estamos bem distantes da vaidade também.

Uma pessoa que incorre em vaidade é alguém que exalta a si mesmo o tempo todo, chegando ao ponto de diminuir outras pessoas. Não é disso que estamos falando, porque essa é uma paixão humana danosa como todas as outras.

Aqui, nos referimos ao carinho de ser quem somos, de aceitar nossas imperfeições com amor, de agir de forma a entender que somos aprendizes, como todas as outras pessoas e, assim, nos acolhermos como buscamos acolher o outro.

Se você não tem amor por si, o amor que dá ao próximo não é tão real. Sabe por quê? Quando nós apenas nos doamos sem cessar, sem cultivar o mesmo amor dentro de nós mesmos, em algum momento, isso se tornará um problema. Quando se dá, é necessário saber que nem sempre haverá retribuição, consideração ou agradecimento e estando fragilizados pelo próprio abandono, não tardará o pensamento de que só fazemos pelo outro e o outro não faz nada por nós.

A verdade que não se pode negar é que esperamos que façam o que fazemos. E mais, esperamos que façam por nós, mas como vimos já em itens anteriores deste livro, somos os únicos responsáveis por buscar aquilo que almejamos.

Para nos doarmos de forma sincera, no sentido exato do que é a caridade, não podemos estar em situação de desamparo íntimo, porque isso gerará mágoa e sentimento de ingratidão. É preciso que nos amemos para que esse amor possa alcançar o próximo e não acabe se tornando frustração.

Todos sabemos que a vida não é um mar de rosas e que há mais problemas a serem enfrentados do que felicidades a saborear. Isso faz parte desse estágio evolutivo em que nos encontramos, faz parte de quem somos e de tudo o que um dia fizemos. Vamos voltar no tempo?

A Espiritualidade nos ensina que o Espírito não retroage e disso podemos concluir que hoje somos a nossa melhor versão. A mesma Espiritualidade nos leciona que todos os Espíritos são criados simples e ignorantes e, aos poucos, sobem os degraus que o elevam na escala evolutiva.

Percebam o quanto somos vencedores! Estamos hoje num mundo de provas e expiações, lidando sim com a roda das causas e efeitos, mas somos pessoas boas, que buscam conhecimento intelectual e espiritual, que buscam auxiliar o próximo na medida das nossas possibilidades, já temos noção de certo e errado, e mesmo que nem sempre consigamos, tentamos fazer o certo e, quando não conseguimos, buscamos avaliar os atos falhos a fim de nos melhorarmos.

Conseguem imaginar, levando tudo isso em conta, a quantidade de coisas que já fizemos e que tivemos de ultrapassar para ser quem somos atualmente? Quantos erros já residem na história pretérita do Espírito que somos? Quantas vitórias já alcançamos, e quantos degraus já subimos na escala da evolução espiritual? Somos muito vencedores! E tem mais, vencemos a nós mesmos, o que é a grande vitória!

Devemos sim valorizar isso, considerar o todo de quem somos em essência, não apenas os tombos que porventura ainda nos alcancem. Não é exaltar a si acima dos outros, mas saber que somos especiais sim. Quando reconhecemos isso, saberemos reconhecer isso nas outras pessoas e, aí sim, a verdadeira caridade, o verdadeiro amor alcançará os que nos cercam.

Somos essenciais na Criação e, por isso, a nós são dadas quantas oportunidades reencarnatórias forem necessárias para cumprirmos com a nossa missão de vida: a perfeição! A nossa missão aqui, esta que muitos se questionam a vida inteira, é essa: vencer a si mesmo, vencer o que ainda em nós é imperfeito e seguir caminhando por essa escada invisível. A nossa missão é evoluir! Veja a importância disso!

> Deus lhes impõe a encarnação com o fim de fazê-lo chegar à perfeição. Para uns, é expiação; para outros, missão. Mas, para alcançarem essa perfeição, têm que sofrer todas as vicissitudes da existência corporal: nisso é que está a expiação. Visa ainda outro fim a encarnação: o de pôr o Espírito em condições de suportar a parte que lhe toca na obra

> da Criação. Para executa-la é que, em cada mundo, toma o Espírito um instrumento, de harmonia com a matéria essencial desse mundo, a fim de aí cumprir, daquele ponto de vista, as ordens de Deus. É assim que, concorrendo para a obra geral, ele próprio se adianta[58].

Somos parte indissolúvel do todo em que nos inserimos. O outro é importante para o nosso crescimento, e todas as boas ações que direcionamos aos nossos irmãos são a riqueza que nos acompanha à Casa Mãe em todos os nossos retornos, mas é preciso que saibamos que também somos importantes para o outro e para o seu desenvolvimento, por isso, reconheçamos essa importância, esse papel e essa linda missão de evoluir e fazer evoluir.

Em campo de ervas daninhas não florescem

---

58 KARDEC, Allan. *O Livro dos Espíritos*, tradução de Guillon Ribeiro. Campos dos Goytacazes/RJ. Editora Letra Espírita. 2022, p. 89.

belas flores, por isso, cultivemos nosso espaço interior, tenhamos parcimônia com quem somos, acarinhemos a nós mesmos e comemoremos as nossas vitórias, porque só assim nós iremos conseguir ofertar isso aos que nos rodeiam.

5

Promiscuidade não tem relação com gênero

Um dos grandes tabus da sociedade é o sexo! Até os dias atuais, embora seja mais discutido, algumas pessoas evitam tocar no assunto por vergonha. Entretanto, o sexo faz parte da vida humana e deve sim ser pauta entre as pessoas. No Espiritismo, também!

Sexo não é sujo, não é errado nem condenável, mas há algumas reflexões necessárias e que visam primordialmente o equilíbrio e o bom senso.

O Espiritismo não vem incorporar o lugar de um condenador, nem estabelecer regras de qual é o contexto correto para que o sexo seja praticado. Não há regras, o que existem são consequências e é sobre elas que falaremos.

O ato sexual por muito tempo foi visto como mero meio de reprodução, alterando-se com o desenvolvimento da sociedade, com os métodos contraceptivos e com as discussões a respeito do tema, compreendendo-se que não apenas a esse objetivo ele poderia servir e que não havia nada errado com a sua vivência por prazer.

O que ocorre é que muitos acabam incorrendo em comportamentos desequilibrados e é nesse contexto que os problemas ocorrem.

O sexo vivenciado com responsabilidade, entre pessoas que se gostam, é extremamente saudável. E não, não estamos nos referindo ao casamento, mas sim a um relacionamento no qual haja carinho e respeito mútuo. Não é encarado como erro pelo Espiritismo o sexo fora do casamento, mas sim o sexo irresponsável!

Relembrando que somos energia, há também

troca de energias durante o ato sexual. Claramente que quando elas são convergentes, há uma troca sadia e respeitosa. Entretanto, quando se encontra um parceiro que praticamente não se conhece, não sabemos ao certo qual energia será preponderante.

Quando falamos sobre promiscuidade estamos nos referindo a sexo casual, com muitas pessoas e em diversas situações, sem que haja cuidado consigo, entregando-se a um prazer que beira a animalidade e traz em suas entranhas o egoísmo, pois cada qual visa unicamente o seu prazer. Não há carinho, não há uma troca saudável, mas sim a exteriorização dos nossos instintos num contexto perigoso tanto física quanto imaterialmente.

Do ponto de vista material, temos as infecções sexualmente transmissíveis que são uma realidade que todos conhecemos. Infelizmente, não é incomum saber que muitas pessoas não utilizam preservativo em suas relações sexuais, e isso já seria um problema até num contexto de relacionamento estável, que dirá com parceiros diversos. Além das questões de saúde, a contemporaneidade faz com que devamos levar em consideração a nossa segurança e integridade física.

Com aplicativos que são como "cardápios" para escolhermos parceiros, quem vê o rostinho bonito não conhece o coração. Golpes e mais golpes são perpetrados por meio desses aplicativos. A pessoa do outro lado da tela pode ser um assassino, um ladrão, um estelionatário, um sequestrador. Nós não conhecemos essas pessoas que, por vezes, marcamos e saímos. Isso é colocar a vida em risco!

Temos hoje acesso fácil e abundante às notícias e precisamos estar atentos, pois, por mais que desejemos que as coisas sejam diferentes, elas ainda não são. Esse é um primeiro ponto!

Agora, do ponto de vista espiritual, cá estão os processos de obsessão.

Reitera-se, sexo fora do casamento não é errado. Ir a um motel não é o cúmulo. Tudo isso gerará uma consequência que estará diretamente ligada à energia à qual os encarnados se conectam. Se em um namoro ou no casamento há carinho, respeito e companheirismo, o sexo será de acordo com esses sentimentos. Se for ao motel imbuído desses mesmos sentimentos, tudo bem! É só um lugar e não é ele que determina o que dará certo e o que pode dar errado.

Agora, sexo sem compromisso, sem sentimentos elevados, seja em casa, seja no motel, irá atrair Espíritos obsessores.

Na vida não se aplica a regra de que opostos se atraem. O que se atrai é semelhante. Se você vibra amor, perfeito! Se você vibra luxúria, promiscuidade, sensualidade e irresponsabilidade, a porta está aberta para nossos irmãos de vibrações nada elevadas.

Como dito algumas vezes ao longo da leitura deste livro, o nosso problema enquanto encarnados é o desequilíbrio. Tudo em excesso faz mal, e com o sexo não seria diferente.

Obsessores de hoje são os encarnados de ontem, propensos às paixões que viveu na Terra, com sentimentos e abstinências ainda mais aflorados pela sua condição de erraticidade e enlouquecidos em busca de satisfazer os seus desejos.

Um Espírito que na Terra era viciado em sexo, que o praticava de forma irresponsável e promíscua, irá buscar na companhia de encarnados que se inclinem às mesmas tendências a energia de que precisa para suprir a falta que sente do sexo que um dia praticara.

Eles atuam como verdadeiros vampiros, e somos nós vivenciando o sexo animalesco quem alimenta esse vício. É assustador, não é? Pois bem, precisamos repensar.

Já bem sabemos que a obsessão apenas ocorre quando somos invigilantes, pois os obsessores não conseguem nos atingir se estivermos atentos e em sintonia com a Espiritualidade de luz. Não há como delegar uma responsabilidade que é nossa e, já sabendo tomar bons caminhos, é preciso que também apliquemos nosso conhecimento ao campo sexual de nossas vidas.

Nosso corpo é um templo sagrado, instrumento indispensável para que atravessemos a experiência da encarnação e deve ser cuidado com amor. O sexo é sublime sim, é bom, é necessário, mas ele se torna um desrespeito com nós mesmos quando atende aos instintos primitivos que ainda não sabemos controlar.

Nos explica Emmanuel no livro *Vida e Sexo*, pela psicografia de Chico Xavier:

> E para não nos delongarmos em considerações desnecessárias, concluiremos que, em torno do sexo, será justo sintetizarmos todas as digressões nas normas

> seguintes: Não proibição, mas educação. Não abstinência imposta, mas emprego digno, com o devido respeito aos outros e a si mesmo. Não indisciplina, mas controle. Não impulso livre, mas responsabilidade. Fora disso, é teorizar simplesmente, para depois aprender ou reaprender com a experiência. Sem isso, será enganar-nos, lutar sem proveito, sofrer e recomeçar a obra da sublimação pessoal, tantas vezes quantas se fizerem precisas, pelos mecanismos da reencarnação, porque a aplicação do sexo, ante a luz do amor e da vida, é assunto pertinente à consciência de cada um[59].

Para finalizarmos, note que da explicação de Emmanuel tem-se "consciência de cada um". Destaco esse trecho porque há, na sociedade, uma mentira propagada de que determinadas

---

59 EMMANUEL. *Vida e Sexo,* pela psicografia de Francisco Cândido Xavier. Editora FEB. 1. ed., 1970, prefácio.

pessoas são promíscuas e ponto, como ocorre com pessoas da comunidade LGBTQIAPN+.

Trata-se de uma desrespeitosa estigmatização que vem desde o advento do HIV, quando essas pessoas sofreram com intenso preconceito e algumas ainda trazem para a atualidade mesmo com toda a informação disponível. Não há mais espaço para alegarmos desconhecimento e, muito menos, para que "pré-conceitos" sigam sendo propagados de forma irresponsável, ferindo pessoas a cada minuto.

Agir com promiscuidade é decisão que pode ser tomada por qualquer pessoa, não importando sua orientação sexual, raça nem crenças. Trata-se de ato de livre-arbítrio, faculdade inerente a todos nós encarnados e que não é parte de qualquer parcela da sociedade com exclusividade.

Cuidado com os preconceitos e cuide de si mesmo. Sexo é lindo, mas pode ser um instrumento de sofrimento, tudo depende do caminho que escolhermos.

OUTRO LIVRO DA AUTORA

ALMAS APAIXONADAS

Rafaela Paes de Campos

Romance • 14x21 cm • 248 pp

Valentina e Lucas são almas afins que repelem-se e amam-se com a mesma intensidade, precisando absorver da vida grandes lições que os façam viver de forma plena esse amor tão esperado. Assim, acompanharemos os caminhos que precisaram percorrer até finalmente ficarem juntos. Trazendo lições sobre almas afins, regressão de memória, estado de coma, planejamento reencarnatório, lições de amor e a respeito da intervenção dos mentores espirituais em nossas vidas, este romance nos ensinará o quanto nossos medos podem nos privar de viver a felicidade possível nesta Terra.

ISBN: 9 786588 535325

Pedidos: vendas@letraespirita.com.br | (22) 2738-0184 | (22) 99820-3332

VOCÊ PRECISA CONHECER

ETERNAMENTE FAMÍLIA

Gabrielle Biondi *pelo Espírito* Lúcio

Romance • 13x20 cm • 232 pp

Este livro conta a vivência dos membros de uma família espiritual em evolução, que precisam passar pela Terra por diversas vezes para aprenderem a sufocar seus vícios e adquirir virtudes. Alguns retornam puramente por amor para auxiliar os mais imaturos, enquanto esses passam por experiências diversas para que despertem para o caminho da Deus.

ISBN: 978-65-88535-51-6

CECÍLIA E A LUZ DA VIDA

Eliane Macarini

Romance • 13x20 cm • 216 pp

Cecília tinha uma vida tranquila e pacata com seus pais. Sua vida muda quando Pedro, seu namorado, decide terminar com ela, por ter se envolvido amorosamente com outra pessoa.No ombro de Arnaldo, um amigo, encontrou o consolo para aquela situação de desilusão afetiva, mas o que ela não sabia é que ele já nutria por ela um amor adoecido, exacerbado por inimigos espirituais que o influenciavam.

ISBN: 978-65-88535-48-6

Pedidos: vendas@letraespirita.com.br | (22) 2738-0184 | (22) 99820-3332